AF293941

Ralf Thain`s

„DER FREDDY"®

Ane(c)kdoten

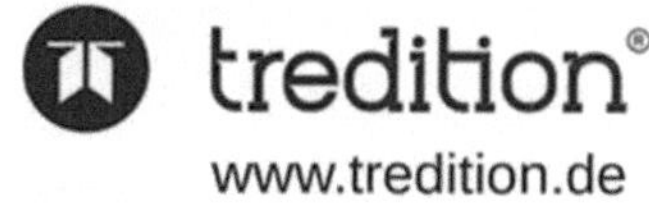

IMPRESSUM:

© 2018 Ralf Thain
Umschlaggestaltung: © 2018 kreativ B.druckt, Marl
Umschlag-Layout: Stephanie Breitfeld
Klappentext: KFK Kerstin Feddersen, Hamburg
Gesamtrechte: © 2018 STR Direkt GmbH

Druck und Verlag: tredition GmbH, Hamburg

ISBN
Paperback   978-3-7469-2936-1
Hardcover   978-3-7469-2937-8
E-Book   978-3-7469-2938-5

Das Werk, einschließlich seiner Teile, ist urheberrechtlich geschützt. Jede Verwertung ist ohne Zustimmung des Verlages und des Autors unzulässig. Dies gilt insbesondere für die elektronische oder sonstige Vervielfältigung, Übersetzung, Verbreitung und öffentliche Zugänglichmachung.

Bibliografische Informationen der Deutschen Nationalbibliothek

Die Deutsche Nationalbibliothek verzeichnet diese Publikation in der Deutschen Nationalbibliografie; detaillierte bibliografische Daten sind im Internet über http://www.dnb.de abrufbar.

Weitere Fotonachweise und Quellenangaben im Anhang.

Inhalt

DER FREDDY TUT SICH VORSTELLN

Ja. Also hier bin ich. Der Freddy. Also, eigentslich muss ich mir ja hier vorstelln. Dat gehört sich so für anständige Leute, nich wahr? Also gut. Dann tu ich ma einfach anfangen. Ich bin der Alfred Muckenschowski. Also der Alfred. Freunde dürfen mir auch Freddy sagen. Geboren und gewachsen bin ich in Castrop. Jetz tu ich in Herne leben. Baukau. Issen Stadtteil von Herne, nich wahr?

Verheiratet tu ich auch sein. Mitte Maria. Wennet gut läuft, tu ich ihr Mary rufen. Wennet ma nich so gut is, dann tu ich ihr Else rufen oder für ihr sagen. Blagen hammwer auch. Drei Kröten. Der Horst-Detlef is der Ältste, dann die Marie und dann die Claudia. Die Marie geht mit inne Universität, die Claudia geht mitten afghanischen Musiker. Jau. Soweit is allet gut.

Der Horst-Detlef is bei den Kunststoff-Werk an malochen, wo ich früher an malochen war. Dat is sonne Art ‚Eine Hand tut die andre Gichtkralle waschen' gewesen. Oder so ähnlich. Ihr wisst schon: Bissken Schmierseife kann ja nich schaden, oder?

Der tut da dat machen, wat ich früher malocht hab. Is Assistent von die Geschäftsleitung oder wie sich dat heißen tut. Wobei ich ja ersma aufen Pütt war 7in Castrop. Auf Erin. Aba nich unter Tage. Nee.

Ich wollte mein Adonis-Körper nich unbedingt in die Schwarzkaue vorführn wolln. Ihr wisst schon. Ich war inne Verwaltung. Als Angestellten.

Und weil ich so klasse malocht hab da bei die auf Erin, da ham mir die Jungs von die Kunststoff-Fabrik damals abgeholt. Abgeworben heißt dat wohl, nich?

Jau. Dat war so über mich. Mitte Familie is allet astrein. Keine Kleriker, keine Süchtigen oder sowat. Also allet tofte.

Ach ja. Unser Oma, die tut auch noch hier wohnen tun. Oben. In ihr kleinet Zimmerken, watse da ham tut. Is mit fließend warmet Wasser. Und kaltet. Nur Toilette. Da musse nach unten. In Moment geht dat auch noch einigermaßen. Wie dat später ma werden tut, wennse dann bissken undichter werden tut, dat tun wir heute ja noch nich wissen. Aba da tu ich mich jetzt noch kein Kopp von machen. Zur Not gibbet ja auch die Treppenstühle oder sowat.

Und dann hammwer da noch unser kleinet Kerlken, den Yogi. Dat is unser Schmusehund. Sonnen kleinen Mischlingshund. Dat issen Toften. Der nadelt wie sonne alte Fichte. Überall hammwer seine kleinen Härkes. Aufen Sofa, aufe Kissens, aufen Boden. Überall. Aba dat is ja Gewohnheitssache.

Da hamwer uns dran gewöhnt. Kann der kleine Kerl ja auch nix für, nich?

Groß geworden bin ich in die fuffziger und sechziger Jahre. Sonne Art Nachkriechsbalch war ich da wohl. Wie so viele in mein heutiget Alter. Wennse noch leben tun. Einige von unsre Generation tun sich ja schon die Radieskes von unten ankucken tun. Vor allen die Kumpels, die unter Tage die Kohle abbauen mussten. Die krichten Staublunge und sonnen Scheiß. Oder die Stahlmalochers, die sich ihre Bronchens an die Hitze zugenagelt ham oder sowat.

Na ja. Uns tutet einigermaßen gutgehn tun auch. Bissken Fisimatenten manchet Mal. Aber sons is, wie gesacht, allet in Ordnung.

DIE RUHEECKE

Heute tun wir ja in Herne wohnen tun. Genauer: In Baukau. Also eigentslich tun wir mittendrin in Ruhrpott leben. Grenzenlose Ruhrpott-Romantik gibbet hier imma noch.

Von uns aus direkt nebenan is Castrop. Da ist nich weit mehr bis nach Dortmund. Nebenan is auch Bochum. Und von da issen Katzensprung nach Essen oder Gelsenkirchen. Selbs wennze nach Duisburg muss, dann dauert nur paar Minütkes, wennze nen Auto ham tus.

Oberhausen, Bottrop, Mülheim, Düsseldorf. Ja, sogar nach Köln kannze, wennze Glück ham tus, inne knappe Stunde sein. Ich will damit sagen tun, dat wir hier nich auf so Inseln leben tun wie die Nachbarländers. Wennze in Frankfurt bis, bisse in Frankfurt. Rundrum nur paar Dörfers.

Wennze nach Offenbach oder Wiesbaden wills, dann musse ersma paar Kilometers fahrn.
Oder München. Is genau sonne Insel wie Berlin, nich wahr? Bisse von München wohl schnell ma ebend in Tirol oder Italien. Aba ährlich. Wat soll ich da? Höchstens wegen die leckeren Nudeln täte ich da ma hinfahrn.

Wohnen tun wir in sonnen Doppelhäusken. Links, wennze von vorne kucken tus, sind wir. Rechts is der Nachbar sein Häusken, der Willi.

Hinter unser Häusken issne Garage mitten kleinen Anbau. Dahinter hab ich mich eine kleine Ruhe-Ecke eingerichtet. So mit kleinet Bänksken und son Zeuchs. Da tu ich mich dann schomma Zigarettchen qualmen und bissken Kaffee trinken und sowat. Und die Sonne genießen. Wir ham nämich den ganzen Tach Sonne. Ährlich.

Jau. Da tu ich mir dann bissken ausruhn tun und mir über den schönen Garten freun, den meine Mary angelecht hat. Viel Blümkes. Viel Grün. Da tun die Vögelkes zwitschern und die Eichhörnchen tun mir auch ab und an ma nen Besuch abstatten tun auch.

Und darum tun wir auch nur ganz, ganz selten in Urlaub fahrn müssen, so wie die andern. Da wirsse, wennze bissken aufpassen tus, in diese Ruhe-Ecke auch ganz schön braun auf die Haut werden. Kost nix. Sonne gibt auf lau und mein Kaffee kostet nich sofort zwei Mark fuffzich oder sonswat. Mehr brauch der Freddy nich. Dat tut aba auch da dran liegen tun, dat der Freddy nen anspruchslosen Vogel is. Mich tun ein Zigarettchen und Tässken Kaffee ausreichen, wenn ich mir ma ausruhn will in diese Ruhe-Ecke. Und jedet Jahr tut meine Else den Garten bissken neu gestalten tun.

Da mach ich immer danach Fotos von und se kriecht von mich dann ein schönet Foto-Büchsken mitte Aufnahmen davon geschenkt. Dann tutse

sich freun tun wie Bolle. Und ich tu mir freun tun, weil die sich freun tut. Harmonie, tut man dat glaub ich nennen tun. Hat aba mit Harmonika, glaub ich, nix oder nix viel zu tun. Tu mir aber auch täuschen können, oder? Aba nee! HARmonika heißt dat Instrument ja und nich HAmonika. Oder wie. Oder tu ich mir jetz doch vertan haben? Ja, so isset wenn einer läuten tut, wenn ich schreiben tu. Mist. Hoffentlich is dat nich der Postfritze. Den tu ich dann aba ma in sein Arsch treten tun. Hat der mir doch durcheinander getan.

WAT SO INNE 60ER GEWESEN IS UND SO

Inne sechziger Jahre, so mit neun Jahre oder sowat, da ham mir meine Alten nach ein Musiklehrer geschickt. Der sollte mir in dat Geheimnis vonne Notens einweihen und mich gleichzeitig dat Akkordeonspielen lehren. Nachdem ich aba die Notens konnte, hatte ich auf die Knöppe- und Tastendrückerei an den Akkordeon kein Bock mehr und hab umgeschult auf Klavier. Wir selber hatten zwar kein Platz für son Ding. Aber mein Kumpel, der Helmut ausse Nachbarschaft, der hatte sonne Philips Philicorda. Dat war zwar kein Klavier, aber dat wohl erste elektrische Alleinunterhalter-Instrument. Da konnte ich dann einmal die Woche üben. Da tu ich wieder fit gewesen sein für die nächste Musikstunde.

Nach eineinhalb Jahre hatte ich aber die Schnauze auch hier von voll. Die Scheiß Etüden da drücken. Neee. Dat war für mir nix. Dat hab ich den alten Musikmeister dann auch gesacht, dat dat nix für mir is, so auf Dauer. Der kuckte mir an und meinte:

„Ja. Wat willze denn für nen Instrument lernen?"

Na. Wat wohl? War doch die Zeit vonne Beatbands in England und hier in Ruhrpott und so. Rolling Stones, Beatles und allet sowat kam ja damals von die Insel.

Also hab ich ihm dat gesacht, dat ich wohl gerne aufe Gitarre weitermachen will.

„Und?", meint der. „Wat hasse dich vorgestellt? Ich mein, wat fürne Gitarre?"

„Fender", kam et von mich wie ausse Pistole geschossen.

„Fender!", äfft der Musik-Opa mir nach, so irgendswie herablassend mit gekräuselte Nase und schiebt hinterher: „Die bauen in Amerika Wäschetrockner!"

Von diesen Moment war der alte Musikheini bei mich unten durch. Sowat von Nichtwissen is mich noch nich untergekommen. Wenn Fender in Amerika jemals Wäschetrockner gebaut ham tut, dann tu ich ab sofort Friederike heißen wolln und nich mehr Freddy. Dat hab ich ihm aber nich gesacht. Dat is ja schon ne Beleidigung für den Gitarrenbauer Fender. Dat is ungefähr so, als wenn einer sagen täte, Gibson hätte in Amerika Küchenmaschinen gebaut. Quatsch.

Da hab ich mich später überlecht, warum der dat nur gesacht hat? Die Antwort, die ich mich gegeben hab, war ganz einfach: Weil der in sein Laden nur akustische Gitarren hatte, nämich so Konzertgitarrens, Wandergitarrens und Schlachgitarrens

und sonnen Scheiß. Der wollte wohl nur sein Holz-
müll da verkaufen, dachte ich so bei mich.

Na ja. Paar Wochens später kam ein Bekannten
von meine Moder und sachte für ihr, datter seine
Jazzgitarre, eine Guild mit nachträchlich aufge-
setzte Tonabnehmers, verkaufen will.

Ich frach meine Moder:

„Und? Wat will der dafür ham?"

„100 Mäuse", meinte meine Moder für mich. Und
die hatse mich dann gekauft.

Die Akkorde hab ich mich dann später selbs weiter
beigebracht. Weil, wennze einmal Musik gelernt
has und die Noten kanns, dann kannze dich auch
dat Gitarre spieln selbs beibringen, nich wahr? Dat
tun ja sogar so Piepenköppe, die noch nie ne Note
gesehn ham und tun spieln wie die jungen Götters.
So Jimmy Page und sonne Leute. Aba die ham natürlich auch dat benötichte Fieling für sowat. Nich
einfach draufkloppen. Bissken Empathie, Melodie-
gefühl und Takt, dat tut natürlich dazugehörn tun.

Aber dat tut die, die nich weiterkommen tun einfach
nich interessiern tun und die schrammeln sich da
einen ab. Die können vielleicht so zwei oder drei
Akkorde greifen und tun meinen, dattse jetz Stars
sind, weilse da paar Liederkes nachspieln können.

Und weil dat inne Gemeinschaft vonne Beatband und auch sons nich funktionieren tut, schmeißen die später allet inne Ecke und hörn auf. Gut ist dat so. Können wenigsten keine andern Leute ärgern tun, die bissken Ahnung ham und wat sauberet hörn wolln. Und nich so Zweiakkordeschrammelei.

Dat tut jeder Jungendherberchsvatter auch können. Oder son Pfadfinder-Fuzzi. Ohne lernen. Obwohl! Wenn ich mich dat richtich überlegen tu, dann hamwer, also unsere Jungs vonne Band und ich, nachher auch wohl mehr nach Gehör geübt. Platte aufen Teller von den Plattenspieler und dann stundenlang die Texte abhörn, aufschreiben und die Akkorde und Melodien so einigermaßen hinkriegen bei die Proben. Hat geklappt. War aba deswegen, weil wir alle Musik gelernt hatten. Vorher. Bevor wir mitte Beatband angefangen ham. Da hattenwa wahrscheinlich anderet Gefühl für die Musik damals.

Und ich war der Arsch natürlich. Jau! Weil ich der einzichste von alle war, der ne Schreibmaschine, sonne Adler-Reiseschreibmaschine, zu Hause hatte. Durfte ich die Texte raushörn, aufschreiben, abtippen und die Akkorde so ungefähr und die Melodiefolge und allet wat ebend dazu gehörn tut, wenn man ernstlich proben tun will.

Na ja! Hat ja auch Spaß gemacht. Damals. Und: Ohne mich jetz groß aufe Schulter kloppen zu wolln: Wir warn besser als so manche andere von die Bands, die damals in die gleichen Zeiten hier in Ruhrpott aufgetreten sind. Ährlich! Wegen den semiprofessionellen Proben ebend. Oder wie auch immer dat heißen tut. Aba egal.

WIE DAT MITTE MUSIK WAR (DAMALS)

Und dann ging dat hier los. Bei uns in Ruhrpott hatten die damals, so inne sechziger Jahre, weit über 600 Beatbands. Wohl eher mehr. Allet vor allen Schülers, Studentens, Lehrlinge und sowat. Jeder wollte Eindruck machen bei die Schicksen und Musik machen. Wenn ihr wisst, wat ich meinen tu.

Tja. Und so kam dat, dat ich mit meine Kumpels, mit die ich vorher noch Scheiben eingeschmissen und Fußbälle zerdeppert hab, ne Beatband gegründet hab. So mit allet. So alte Radios als Verstärkers und billiget Schlachzeuch aussen Quelle-Katalog und sowat allet.

Geprobt hamwer dann bei den Toni in sein Keller. Die hatten damals schon Ölheizung und der alte Kokskeller war frei. Die hatten aber nur eine Steckdose da. Darum is die scheiß Sicherung dauernd rausgeknallt. Schließ ma drei alte Radios an nur eine Verteilerdose an, die nich abgesichert, geschweige denn geerdet war. Wussten wir aba nich. Aber den Toni sein Alten, der wusste dat. Und Schwupps! hat der uns irgendswann den Saft abgedreht.

„Wegen Funkenflug", meinte der.

Wat für Funken? Kann doch höchstens nen Kurzen geben oder sowat. Na ja. Auf jeden Fall war Ende mitte Überei. Aber die Erziehungsbeteilichten hatten ja die Rechnung ohne uns angeferticht. Mit vierzehn, fuffzehn, sechzehn, da warn ja alle schon inne Lehre. Meine drei Kumpels warn auf Erin unter Tage als Püttmänners. Und ich war ja oben inne Verwaltung. Also hamwer uns nen Manager besorcht. Den Wolfgang. Wowang hamwer für den gesacht oder den so genannt. Oder nachher auch Wölfi.

Wölfi war damals schon einundzwanzich Jahre alt und damit volljährich. Der hatte Kohle. Woher auch imma. Und ein Auto. Wie auch imma. Und der Wölfi, der konnte auch schomma wat auf Pump für uns kaufen. Ma hier nen Gitarrenverstärker auf Pump, ma da ne Gitarre auf langen Bleistift und manchet Mal hatte der auch Saiten auf für „auf notting".

Keine Ahnung, woher. War uns aber auch scheißenegal. Hauptsache Musik, Mucke machen. Und unsre Alten…die hatten ja überhaupts kein Interesse, unsern Mist zu finanziern. Konnten ja viele auch gar nich. Wegen die Kohle und so. Mein alten Herr zum Beispiel, der wollte mich dat immer ausreden. Dat mitte Musik. Aber da tu ich mir nich hab beirren lassen. Also nich von abbringen lassen tun. Da war ich damals schon son Knallharten in diese Beziehung. Also wat die Musik angeht, mein ich natürlich. Aber auch sons hab ich mich nix gefalln lassen. Fracht ma den Reiner, mein früheren Nachbar. Renus tut den sein Spitzname gewesen sein.

Wat meint ihr wohl, wieviel Kloppereien wir beide durchgemacht ham. Meistens warn wa ja Siegers. Ab und an hamwer aber auch auf die Mappe gekricht. Aba früher war dat ja so, datte dich dann hinterher mit dein Gechner anne Theke gestellt has und dann hasse mit den zusammen ein gesoffen. Bier, so Export damals, gab für fuffzich Pfennich dat Glas. Da konntesse nach die Klopperei sogar noch für die andern Beömmelten ein ausgeben tun. Bei son Gläsken Bier gehörte aber die Zigarette.

Ich war ein Fan von die „Güldenring". Nachher bin ich umgestiegen auf „Juno". Aber dat is ja jetz auch egal.

Jau. Und der Wölfi, unser Manager, der war auch elektrisch begabt. Der ging damals malochen auf die Gummizeche. BUNA, so hieß der Laden. Als Elektriker. So hatte der also bissken Ahnung von den, watter tat.

Der hat dann ma ebend bei den Alten von unsern Toni innen Keller den Strom so verdrahtet, dat der Alte nich mehr die Sicherung wechdrehn konnte. Konnte schon. Aba unser elektrischet Gedröhne ging trotzdem weiter. Fracht mir nich, wie der Wölfi dat gemacht ham tut. Ich weiß dat nich mehr. War

aba auch unwichtich. Auf jeden Fall hat den Toni sein Alten später aufgegeben, uns sinnlos die Sicherung rauszuschrauben.

Der hat nur mit seine Birne geschüttelt und is wieder abgehaun. Der ließ uns dann in Ruhe.

Hatte ja auch kein Zweck oder geistigen Nährwert, sich über uns aufzuregen. Wir machten einfach sowieso weiter.

Auf jeden Fall hamwer die Beatles und die Rolling Stones geübt bis die Fingers wund warn. Und Spencer Davis Group, The Herd, The Animals, The Small Faces und so weiter und so fort. Allet, wat eben aufe Top 20 in BBC lief sonntags oder samstags.

Der Ronni, unser Schlachwerker, dat warn eingefleischten Beatles-Fan. Deswegen mussten wir auch so viel von die üben. Dat hat mich aber irgendswann gestunken. Ich konnte die gequirlte Kacke mit imma die gleichen Melodiebögens nich mehr hörn. Da hasse bei die ersten Scheiben von die kaum ma irgendsnen Rhythmuswechsel drin gehabt oder sowat. Und wenn, dann kam dat irgendswie scheißich rüber.

„Komm, gib mich deine Hand!" und „Sie liebt dir!", dat ging ja noch. Aber nachher noch die scheiss „Back in the USSR", „Birthday" und sowat allet......Neee. Dat war für mir nix mehr. Da tun mich die Rollenden Steine schon von anfangs an besser gefalln ham. Is wirklich wahr.

Na ja. Und weil ich mit meine Meinung nich so ganz alleine war, tun wir dann später auch andre Sachen eingeübt ham. So mehr progressiv oder wie die dat nannten. Und viel mit so Improvisationen. Bluesmäßich. Alte Dingers ebend. So Elmore James, Robert Johnson, Freddie King, Albert King....also eigentslich allet von die Blueser-Kings und so weiter.

Und dann natürlich auch dat, wat wieder andre von diese Bluesheinis adaptiert hatten. Und so sind wir dann später auch auf Cream abgefahrn und auf Jimi Hendrix, Canned Heat, aba ebend auch Manfred Mann und sonne Dinger, die kamen dann auch nach und nach in unser Repertoire.

Später dann noch bissken mehr heavy und sonne Sachen wie Mountain, Grand Funk Railroad. Und, wichtich, auch seichte Dingers, damit die Schicksen wat zum Schmusen hatten innen Jugendheim aufe Tanzfläche.

Schieber-Blues ham die dafür gesacht. Und wenn da mal wat schnelleret gewünscht wurde. Bitteschön. Creedence Clearwater Revival, Elvis Presley, Bill Haley. Da hatten wir schnelle und langsame Dinger von eingeübt.

So von die Creedence zum Beispiel „Born On The Bayou", „Proud Mary", „Suzie Q". Und von die, die abtanzen wollten und kein Ende kannten: „Travellin' Band", „Sweet Hitch Hiker", „Hey, Tonight", „Up Around The Bend", „Green River", „Blue Suede Shoes" und sowat.

Am besten warn imma so Teile wie „Crimson And Clover". Da kamen die Bengels, die mitte Schicksen da auf Nahkampf gehn mussten, ganz schön an Schwitzen.

MUCKE MACHEN - DAMALS

Und so tun wir dann die ersten Mucken gemacht ham bei uns in Castrop in Jugendheim. Nannte sich damals Jugendtanz. War imma samstags von fünf bis acht Uhr. Also von siebzehn bis zwanzich Uhr (für die Verschreckten, die jetz meinen tun: WAT? So früh ham die schon gespielt. Da is doch noch Nachtruhe!).

Nee, liebe Leute. Dat war imma spätnachmittachs und warn auch imma tolle Ischen dabei. Die Kröten hätten ruhich zuhause bleiben können. Weil, wenn wir gespielt ham, dann warn die Weibers sowieso auf unsre Linie. Besonders dann, wenn ich meine Basslinien so auf die Tanzfläche geschickt hab, dann hatten die Schicksen so manchet Mal Tränen inne Augen. Ährlich.

Ach so. Dat hab ich ganz vergessen zu sagen: Ich hatte da irgendswie kein Spaß mehr anne Gitarre. Imma die scheiß Akkorde hin und her und rauf und runter. Dat war nix für meine Wenichkeit. Und dat ich kein großartigen Sologitarrist werden täte, dat war mich sowie klar. Da fehlte mich die Disziplin für dat Wesentliche. Oder wie dat heißen tut. Keine Ahnung. Und als ich mich dann den Bill Wyman vonne Rolling Stones mehrfach angehört hab, da war ich fest entschlossen, Bassmann zu werden. Vor allem dat Song von die Stones „Under My

Thumb", dat war für mir der Auslöser, aufen Elektrobass umzusteigen. Auch wennse mir nachher imma damit aufgezogen ham:

„Wie? Ausgerechnet dieset frauenfeindliche Stück vonne Stones hat dich auf den Bass gebracht?"

Da hab ich imma sofort gesacht:

„Ersma is dat wohl so, dat ich den Text nich geschrieben hab und zweitens kannze den Text so und so auslegen tun. So nämlich, als dat er als frauenfeindisch erklärt wird und auf dat andere Art so ebend, als wie dat er nich frauenfeindisch gemeint is."

Obwohl: Den Mick Jagger tu ich dat wohl zutraun, datter da bissken seine Erfahrung mit seine Moder verarbeitet hat. Genauso wie mit dat Lied „Mothers Little Helper", wat ja auch nich vonne Blagen handeln tut, die ihre Moder bei die Küchenarbeit helfen tun oder sowat. Meistens war die Diskussion dann zu Ende. Wat mich ja auch ganz recht war, nicht wahr?

Ja und jetzt tut ihr fragen: Wat hatten die denn fürne Anlage? Tja. Dat kann ich euch gut beantworten tun. Wir hatten für die beiden Gitarrenleute, den Toni und den Mike (Toni war der Sologitarrist, Mike war der Rhythmusgitarrist. Den Unterschied tu ich euch aba jetz nich erklärn. Wisst ihr alle selber, wat

Melodie und Rhythmus is, oder?) für die damalige Zeit schon ganz tofte Anlage und Instrumente.

Wegen den Wölfi, der dat allet organisiert hat. Jau. Der hat, bevor wir richtich auftreten konnten, schonne Menge Holz für uns investiert in die ganze Elektronik und sowat. Aba hatter ja auch später allet wieder zurückgekricht. Also da war allet Supi. Allet schön in Raten zurück, so wie sich dat für anständige Leute gehörn tut. Und nich nach den Motto: ‚Raten se ma, wat dat kostet' oder sonnen Schmutz.

Nee, nee. Allet korrekt und mitte Unterstützung von unsre Alten. Die tun nämich diese Ratenzahlungsvereinbarung mit den Wölfi abgesechnet ham. Nach ein Jahr hatte der Wölfi dann seine Kohle zurückgekricht gehabt und allet war Paletti.

Der Toni spielte also ne nachgebaute Fender Stratocaster, der Mike ne nachgebaute Gibson Les Paul. War billiger wie dat Originalgedöns, nich wahr?

Und Mike hatte noch sonne italienische transportable Orgel. Sonne Art Farfisa-Nachbau. Aber sehr ergiebig.

Ronni hatte später, also wie wir dat erste Mal aufgetretn sind in die Öffentlichkeit, tatsächlich nen richtiget Ludwig-Set mit Doppelhänge-Toms, ne Stand-Tom, sonnen Hi-Hat, auch Charleston-Maschine genannt, und ebend die üblichen Beckens. 10", 12" 14" und 16". Allet sehr amtlich schon.

Und ich? Jau. Ich spielte auf ein nachgebauten Fender Jazz-Bass, bei den sich imma die Mechanik nach einmal spieln verbogen hat. Deswegen hab ich imma mein Alten inne Ohren gehangen, dat ich nen richtigen Bass brauchen tu. Hatte der die Öhrkes aba wohl auf Durchzuch. Nix zu machen. Na ja. Dann tun wir noch warten und sparn. Und dann dauerte dat noch bissken, dann hatte ich mein Hamer USA Cruise-Bass. Dat war ein tollet Ding, weil der leicht zu bespieln war. Wat dat jetz wieder heißen tut, dat müsst ihr ma woanders nachlesen tun. Da hab ich jetz keine Zeit für, euch dat zu erklärn.

Die Anlage für die Gitarristen, dat warn zwei VOX AC 30, die schomma gerne abgeraucht sind und Mike hatte noch ne kleine Combo, über den die Orgel laufen tat. Also mitte Anlage und auch gesangstechnisch warn wa damals schon nen Schritt weiter als wie unsre Konkurrenz, also unsere Gechners, die andern Bands ebend: Gesangsanlage von Echolette mit Bändchenhall.

War imma lustich, wenn dat Scheißding ma wieder gerissen war. Dat Bändchen. Aba Mike war imma auf sowat vorbereitet und hatte Klebeband mit.

Und Isolierband. Und Zangens, Schraubers und allet son Zeuchs watte brauchen tus, wenn ma wat passieren tut bei den Auftritt.

Und wat ganz wichtich war: Licht. Jau. Wir hatten doch tatsächlich damals schonne eigene Lichtorgel, die wir selbs ma irgendswie in unsre knappe Zeit zusammengebastelt hatten. Für diese Kiste hatten wir sogar extra einen, der dat Ding bediente während die Mucken, die wir spielten. War wohl nix besonderet, dat Ding. Aba hatte Sinn und Zweck, nämich den oder dat, wenn der Hausmeister von den Jugendclub die Hauptbeleuchtung in Saal ausgeknipst hat, kam die Lichtorgel in Einsatz.

Damit warnwa die Ersten, die sowat hatten. Jawoll. Und dat Bürschken, dat diese Lichtorgel während unsere Mucken bedienen tat, dat war auch son richtigen Hinkucker. Der kam bei die Weibers gut an mit sein Aussehn und so.

Also ich will damit aussprechen, dat dat allet tofte gepasst ham tut mit uns alle.

Ach ja. Mikrofone hatten wa auch. Und weil ich kein großen Sänger war, brauchte ich kein. Dafür ham Mike und Toni und Ronni jeweils ein von diese Dingers gehabt. Und der Ronni noch drei extra für seine Trommels und die Beckens. Sogar die Bass-

Drum tun wir schon über die Gesangsanlage abgenommen ham. Da tun wir schon sehr fortschrittlich gewesen sein gegenüber unsre Konkurrenz. Mit Gesang, wie gesacht, da hab ich nich viel draufgehabt.

Aber bei unsern Endsong, dat war imma „Na Na, Hey Hey, Kiss Him Goodbye", da musste ich leider innen Hintergrund den Chorus mitmachen. Da tu ich imma froh gewesen sein, wenn die Mucke vorbei war.

Dat einzichste, wat ich singen kann, dat is höchstens hier….eh….wie heißt dat?...: "Happy Birthday" oder „Wir lagen vor Madagaskar" oder sonnen Scheiß.

Aber dat waret dann auch schon. Und die ham wir ja auch auf unsre Mucken nich gespielt. Wir warn ja ne Beatband und kein Heimatverein oder so wat. Nich wahr? Ach so: Ihr wollt noch wissen tun, über wat ich denn meine Saiten abgenommen ham tu?

Ich hatte nen STRAMP. Dat war damals sonnen nachgemachten MARSHALL-Verstärker und zwei Boxens. Sechshundert Watt der Verstärker und eine Box mit 1x15" und eine Box mit 4x10"-Lautsprechers drin. Dollet Ding dat. Dröhnte wirklich dufte, dat Teil. Da is der Tanzboden manchet Mal so vibriert, dat die Höskens an rutschen fingen.

SO WIE IN DIE SECHZIGER JÄHRKES (DAMALS)

Jau. So war dat mitte Band damals in Castrop. Ach so. Den Name, den wollt ihr auch noch wissen tun? Hätt ich glatt vergessen. Jau. Also ersma hamwa uns „FREDDY AND THE DREAMERS" genannt. Dann kam unser Manager, der Wölfi, umme Ecke in unsern Keller und meinte:

„Also Jungs. Dat mit „FREDDY AND THE DREAMERS", dat geht garnich!"

Alle kuckten wa uns an, bevor er meinte:

„Dat liecht da dran, dattet in England schon eine Band geben tut, die so heißen tut und in England und in Amerika Erfolg ham tut. Und bevor wa uns hier versteigen tun, müsst ihr euch leider umtaufen!"

Wir kuckten uns wieda paar Minütkes an und meinten dann, weil ja die andern Jungs alle aufen Pütt am malochen warn und ich ja eigentslich auch, wenn auch nich unter Tage, dat wir uns vielleicht „FREDDY AND THE COALMINERS" nennen könnten. Taten wir dann auch.

Ab sofort sind wir dann aufgetreten unter den Name „FREDDY AND THE COALMINERS".

Heißt soviel wie „Alfred und die Püttrologen", also Berchmänners oder sowat. Is ja auch einleuchtend, oder?

Ja und mitte erstn Auftritte in die Jugendheime, die hießen damals noch „Haus der offenen Tür" oder so ähnlich, da kamen dann auch Anfragen von woanders. So von Tanzschuppens, Kneipens, Bowlingbahnen, falls ihr dat noch kennen tut, und Shuffle-Board-Partys, Beat-Festivals und allet sonne Sachen.

Obwohl wir gefühlte tausende von Konkurrenten hatten, warn wir aber wohl alle so fit an unsre Instrumente und auch so, dat wir mehr Anfragen nach bezahlte Auftritte krichten, wie die andern. Jau. Und weil wir anne Wochenenden imma gut gebucht warn, hamwer mit unsre Musik manchet Mal mehr Knete gemacht als wie mit unsre normale Maloche. Und Fressen und Saufen gab meist imma für lau. Und Schicksen hattesse mehr als wie datte verarbeiten konntes.

Und wie die andern Bands aus unsre Generation imma weniger wurden, hamwer noch bis in die siebziger Jahre Auftritte gehabt. Auch bei größere Dingers wie Gewerkschaftsereignisse, Parteifeierlichkeiten und so weiter und so fort. Gab entsprechend mehr Kohle und wir konnten uns dann auch bessere und teurere Klamotten leisten. Also ich mein, nich nur Instrumente, sondern auch Klamotten ebend. So für zum Anziehen, mein ich:

Slop-Hosen, Twist-Hosen, Shake-Hosen (allet benannt nach die aktuellen Tänze), Hemden mit Bananenkragen, Rüschenhemden und allet sonnen Scheiß, watte für dat Schaugeschäft eben brauchn tus, wennze aufe Bühne stehn tus. Und nix von Clamotten-Anton (CundA). Nee. Richtich von die guten Lädens musste dat sein.

Und nich nur teuer sein, sondern ebend auch teuer aussehn tun. Wir warn aba nich so Läbel-Heinis wie die Jugendslichen heute. So Plastikschuhe mit so Bumerang drauf oder paar Fotens von son Bär aufen Kragen oder sowat. Nee. Dat war damals noch nich so weit wie dat heute üblich is.

Als Kröten warn unsere Turnschuhe, die se heute wohl alle Sniekers nennen tun, noch aus Leinen. Meist blau mit weiße Schnürsenkels. Dat war auch imma lustich so inne Schule nachen Turnunterricht. Weil bei die, die imma bei körperliche Anstrengungen und sowat sofort an Schwitzen fingen, da lösten sich die Schnürsenkel auch imma schneller auf als normal. Wegen die Schweissfüße ebend. Da trat dat Wasser, wat sich in die Söckskes gesammelt hat von die schwitzigen Füsskes, ebend aus und wenn die Schnürsenkels trocken wurden, brachen oder rissen die schomma schneller als bei uns Normale.

Merke also: Wenn die billigen Schnürsenkels an die billigen Leinenturnschuhe beim Zuschnürn schneller gerissen sind als normal, dann hatte der Träger in alle Regel schweißige Füsskes. Allet klar?

Aba jetzt bin ich schon wieder abgeweicht von die Anziehklamottens. Also imma gut angezogen warn wa imma. Wir warn sogenannte Hinkuckers.

Und die Schicksen? Na, wenn die uns gesehn ham tun, dann tun die hin und wech gewesen sein, weil wir ja ebend imma gut angezogen warn. Und gut gerochen hawer sowieso. Egal ob drei, vier oder fünf Stunden Mucke.

Jeder hatte sein Fläschken TABAC dabei, wenn ihr dat noch kennen tut. Dat is sonne Au de Kolon für Männers gewesen. Tut aba auch heute noch geben, glaub ich. Wir warn sozusagen die geflechten Typen.

Aba Schwiegermamas Lieblinge, dat wollten wa natürlich auch nich sein. Da hamwer uns dann imma schon rechtzeitlich umgestellt und die Rockers raushängen lassen.

KURZ VOR SCHLUSS (DAMALS)

„Seid ihr die so und so?", wollte dat Männlein wissen. Toni nickte beeindruckt, weil der Doofi ersma nur den Luxusschlitten da in Auge hatte.

„Dann lasst mich doch mal hören, was ihr so könnt!", meinte dat Männlein und wir stiegen gemeinsam mit ihm die Kellertreppe runter in unser Probegemäuer.

Plötzlich kam Toni sein Alten innen Keller und wollte wissen, wat los wär. Da gab ihm der Zigarrenmann ne Visitenkarte, die den Toni sein Alten aba nich lesen konnte. Weil, der war Analphabetisch oder wie dat heißen tut. Egal. Toni nahm sein Alten die Karte ausse Hand und las laut vor:

Friedhelm Steiner Management.
Friedhelm Steiner.
Geschäftsführer.
Blablablablabla.

„Also", fing dat Männlein an zu quasseln. „Ich bin der Manager von BlaBlaBla. Der BlaBlaBla hätte

eigentlich in Wesel in der Niederrheinhalle dann und dann (er nannte ein Datum in paar Wochen) ein Konzert zu geben, welches ausverkauft ist. Und seine Tour-Band, die normalerweise seine ständige Begleitung ist, fällt komplett aus. Da ist irgendetwas wegen der Bezahlung bei der Band von den BlaBlaBla falsch gelaufen und die sind anderwärts irgendwie gebunden und wir brauchen jetzt dringend einen Ersatz für die Tour-Band. Nur einmalig. Nur dieses eine Mal und nur für dieses Konzert.

Aber wir haben euch (dat Männlein zeichte auf jede Einzelnen von uns) jetzt mehrere Male an unterschiedlichen Orten gesehen und gehört (wo auch immer, dat ließ der offen), und waren uns alle einig, dass ihr wohl in der Lage sein werdet, das Live-Repertoire einzuspielen und mit dem BlaBla-Bla die Show zu schmeißen.

Wir können dieses Abschlusskonzert des Künstlers unmöglich absagen. Das wäre alles viel zu negativ und es gäbe nur schlechte Schlagzeilen in der Presse!"

Dann brabbelte der noch wat von Versicherung und sowat allet.

Der blubbert jetz noch weiter. Aba dat will ich hier nich wiedergeben. Einiget davon war belangloset Zeuchs, dat uns gar nich interessiert hat. Anderet war aba mehr als interessant. Nämich die Kohle.

Wenn wa also inne Lage wärn, bis zum xx.xx.xxxx. dat Live-Repertoire einzuspielen (Noten hatte der mit und allet andere Nötige auch), gibbet nich nur fette Kohle, sondern auch fette Presse…..aba ohne die Nennung von unsern Bandnamen. Leider. Und der Vogel hatte auch sofort nen Vertrag bei, den er aus sein Ledertäschken (echt Leder!) holte und uns unter unsre ungläubigen Äuchleins hielt.

Toni meinte, dat wir ja noch garnich volljährich wärn und die Eltern den untermalen müssten. Kein Problem, meinte der Anzuchmann und fuhr tatsächlich mit uns in sein Mercedes unsre Alten ab. Erklärte jeden von die nochma, wat der wollte und alle ham unterfackelt. Uns hamdie Alten garnich mehr groß gefracht. Dafür war der Kerl viel zu überzeugend und machte einen auf fette Kohle und auf seriös und so.

Nachdem dat geklärt war, blieb uns nix übrich, als sofort mit die Proben anzufangen. Wir mussten innerhalb von zwölf Tage den BlaBlaBla sein Potpourri drin ham. Dat war eigentslich gar nix für uns. Scheiß Schlager warn dat. Und ein Scheiß Schlagerfuzzi war der BlaBlaBla ja. Kein Rockmusiker oder sowat. Und Schlager.

Dat war gar nich unser Ding. Eigentslich. Aba bei die Kohle, die et auch noch bar aufe Kralle geben tut! Da tut man schon ein Äuchlein zumachen, nich wahr?

Und so tun wir geübt ham, bis die Finger bluten. Angeschrien hamwer uns gegenseitich wie die Bekloppten, weil dat und dies nich richtich war und dat und dat inne andre Tonlage und so weiter und so fort. Weil aba keiner von uns singen musste oder sowat, brauchten wa uns da nich drum kümmern. Et gab ebend nix zu transponiern oder sowat.

Der unheimliche Manager kam dann kurz vorher nochma mit sein Superschlitten angerauscht und hat sich dat angehört, wat wir da fabriziert ham. Wat soll ich sagen? Der Klon war voll begeistert. Hat uns aufe Schultern gekloppt wienen Verrückten und uns in alle möchlichen Tonlagen gelobt.

Uns ging natürlich der Arsch auf Grundeis manchet Mal. Aba ich muss auch sagen tun, wir ham dat geschafft und standen dann pünktlich mit den Schlagerfuzzi auf die Bühne in Wesel in die Niederrheinhalle. Ausverkauft.

Uns ging die Muffe Eins zu Tausend, so ungefähr.

Aba dat war unbegründet. Lief allet wie an Schnürchen. Der BlaBlaBla war übrigens einer von die nette Sorte Mensch. Nich so überheblich wie die,

die wir schomma anderwärts kennengelernt hatten. Ein normaler Mensch ebend. Nach die Kernti tels warn noch höchstens drei Zugaben programmiert. Die brauchte der auch. Dat war ein Bühnenmensch sozusagen. Der konnte nich ohne Bühne und ohne Publikum. Wenn ihr wissen tut, wat ich so meinen tu. Gibbet ja, so Leute.

Und wie ich heute feststelln tu, is der imma noch unterwechs, hat aba schon inzwischen mindestens zweimal endgültige Abschiedskonzerte gegeben. Also ganz ährlich: Wegen die Kohle brauch der dat nich machen. Dat weiß ich genau. Dat macht der, weil der dat Publikum und die Bühne brauch. Nur deswegen. Na egal. Nach den Konzert, alle warn hinter die Bühne, gab et noch Häppkens hier und Bierkens da und der Zigarrenmann kloppte uns wieda auf unsre Schulterns rum und der Schlagerfuzzi auch und allet war eitel Sonnenschein, wie man so zu sprechen flecht.

Kohle gab et korrekt in Käsch aufe Kralle und dat war et dann gewesen. Leider gab et keine Empfehlung oder sowat, wat wir erwartet hätten. Schade. Na ja. Macht nix. Wichtich war, dat wir uns selba beweisen konnten, dat wir auch wat schaffen konnten, wat andre vielleicht nich so hätten hingekricht.

Dat war schon nen tollet Gefühl. Und zu Hause. Da wurden wa gefeiert, wie wenn wa der Schlagerfuzzi selbs gewesen wärn. Warn wa aba nich.

Wollten wa auch nich sein. Und dann die Zeitung. Ich tu ma ein Ausschnitt wiedergeben:

„Die Band schickte die musikalische Begleitung auf bunten Lichtern über die Köpfe der Musikbegeisterten!"

Na ja.

Und so ginget weiter und weiter. Wenn die andern Bengels in unsern Alter sich die Birnen vollgesoffen ham inne Kneipe oder Disco, dann hatten wa genuch Kohle und imma hübsche Schicksen anne Hand und vor allen bei die Top 40-Mucken imma Fressen und Saufen auf lau.

So konnten wa schön Knete aufe Seite legen und sparn für schlechte Zeiten. So heiraten vielleicht und sonnen unwichtigen Scheiß.

Oder neuet Auto holn oder oder oder. Egal. Bis Mitte von die Siebzigers ging dat so.

Dann bricht ne neue Zeit rein und ers tut der Toni sich verheiraten (bekloppt, der Toni, sich da mit zweiundzwanzich Jährkes festketten zu lassen) und dann sofort noch der Mike (bekloppt, der Mike, sich da sonne Amitusse zu nehmen, die ihm vorsätzlich heiraten tun will, weil se ihm son Blach andrehn tut). Dann geht der Ronni nach den Bund (Bundeswehr) und tut sich verflichten für zehn

Jahre oder sowat. Tja. Da stand ich dann mit meine Klamottens. Nix mehr Musik. Nix mehr Mucke. Nix mehr Weiber. Nix minus Nix is Nix.

Aba mein schlauen Musikgelehrten damals, der Musik-Oppa, wie ich ihm nachher imma nennen tat, der hatte imma den Spruch drauf:

„Dat Leben tut imma weitergehn. Wir tun nur nich richtich wissen, wohin die Reise gehn tut!"

Hatte der Oppa Musikheini damals recht.

ALLET NEU (DAMALS)

Tja und dann, dann kam meine Else umme Ecke gebogen und ich tu mir in die verliebt ham. Die kannte ich ja noch von unsre Touren durch die Säle und Jugendheime. Und die mir auch. Die wollte imma wat von mich, aber ich tu noch nich bereit gewesen sein für eine feste Beziehung, wie man so sagen tut.

War ja auch ganz gut so, nich wahr? Und dann kam Ede von die Kunststoff-Fabrik in Castrop umme Ecke gebogen und hat mich nen Job angeboten für Kohle, wo ich nich nein sagen konnte. Und eigentslich wollte ich dat auch gar nich. Also dat nein sagen.

Die tun mir direkt vonne Zeche Erin abgeworben ham. Hatten von meine gute Arbeit da gehört und der Otto Normalverbraucher munkelte schon, dat die schöne Zechenszeit sowieso wohl bald schon vorbei wär.

Weil, die tun die Dingers nach und nach dichtmachen. Die Zechens. Die werden alle plattgemacht. Von wegen die Kohle in Ausland billiger is als wie bei uns und wir hier in Deutschland wärn viel zu teuer. China is billiger. Und allet son Geklapper hasse da gehört.

Na ja. Meine Alten meinten auch, dat ich die Schankse ma ruhich wahrnehmen sollte und bei die Kunststoff-Fabrik anfangen soll. Kunststoff hat Zukunft, meinte mein Alten. Fenster, Textilien, Türen, Autos. Ebend allet ebend. So meinte mein Alten. Hatte der doch recht. Is tatsächlich so.

Aba eigentslich war damals allet irgendswie schöner. So mitte Kumpels vom Pütt abhängen tun. Mucke machen. Ischen aufreißen. Hier und da ma ne Klopperei anfangen tun und hinterher mit den Gechner nen Bierken saufen tun anne Theke. Tut meine Meinung sein. Aba vielleicht is nich besser. Nur anders ebend.

NACHBAR WILLI (HEUTE)

Die Tage kommt mein Nachbar Willi an den Gartenzaun und winkt nach mich. Ich geh nach ihm hin und frach ihm, wat los is.

Jetz muss man sagen tun vorher, dat der Willi, obwohl der aufen Pütt war und handwerklich eigentslich wat draufham sollte, irgendswie zwei linke Hände hat. Na ja. Auf jeden Fall meint der Willi, dat er mich wat zeigen will. Vorne an sein Häusken. Ich geh also mit ihn vorne anne Straße bei ihm aufe Seite. Zeicht der mich sein Vordächsken über sein Eingang. Wir ham beide über unsre Haustüren son kleinet Vordächsken. Bei uns wegen die Schlachseite von den Regen; bei ihn wegen, weil schöner aussehn tut.

Sacht der für mich:

„Überlech ma. Kam der Regen durch dat Dächsken gekrochen und hat mich die Haustür und die Wand da drunter nass gemacht. Da hab ich mein Kumpel, den Fritz, angerufen. Weiß ja. Der mitte Bauklempnerei."

Ich genickt und war schon ganz gespannt, wat der mich jetz erzähln tut.

„Ich also den Fritz angerufen und hab ihn gesacht, dat dat Vordächsken wohl irgendswie undicht wär und der Regen an die Hauswand runterlaufen tut.

Da meint der, dat er vorbeikommen täte und sich dat ma ankucken täte. Kam der an nächsten Tag tatsächlich mit son klein Leiterken und macht von die Oberseite von den Dach paar Fotos. Und wie der wieda von die Leiter runterklettert, da meint der, dat sich wohl die Folie, die von innen den Kasten abdecken tut und dichthalten soll, kaputt wäre.

Dat is ja auch eigentslich kein Wunder, weil dat Ding ja schon über fünfundzwanzich Jahre alt is. Sacht der für mich, datter morgen ein von seine Klempnergesellens vorbeischicken tut mit ein Lehrling. Die täten dat wieder abdichten tun."

„Jau", mein ich so. „Dat is ja dann flott gegangen!"

Kuckt der Willi mir bissken verstört an und meint:

„Ja, dat hab ich auch gemeint. Aber jetz kommt die Kapriole ja ers. Da kommen tatsächlich Dienstach die beiden Jüngskes. Der Klempnergeselle und sein Lehrling. Ich hab mir da weiter nich mehr drum gekümmert, weil ich dachte ja, dat die dat schon allet richtich hinkriegen tun auch. Und so nach zwei Stunden warn die dann auch fertich mit dat Ding und ich hab, ohne groß zu kucken, die Abnahmescheine unterfackelt."

„Da hasse ja dann ersma wieder paar Jährchen Ruhe", meinte ich so für ihn.

Obwohl mich eigentslich noch gar nich richtich klar war, wat der Willi mich denn jetz überhaupt erzähln will.

Da fängt der an:

„Dat hab ich mich auch so gedacht. Bis vorgestern. Da hattet ja wieda gerechnet. Und ich kuck so aus mein Flurfensterken und hab meine Äuchleins nich getraut. Dat Dach hat Wellen. So Berch und Tal. Sah aus wie bei die Rocky Mountains, wennze weiß, wat ich meinen tu!"

Ich nick so zustimmend mit mein Charakterkopp und tu so auf seine weiteren Ausführlichkeiten warten oder wie man dat nennen tut.

„Da hab ich den Fritz angerufen und hab ihm dat gesacht, dat dat Dächsken vorher ja eben war, also, so grade ebend. Also ganz plan und glatt, damit dat Wasser auch vanünftich ablaufen kann in Richtung von die kleine Ablaufröhre, die da dran is. Und jetz täte dat Wasser ebend zwischen die Hügels da stehn und nich mehr ablaufen tut.

Der Fritz meint, er gibt mich ma ebend den Geselle, der bei mich gewesen war. Der stünde grade so neben ihn und dann gibt er dem den Telefonhörer. Den hab ich dat Gleiche nochma erzählt. Und wat meinze, wat der mich sacht?"

Ich zuck mit meine Schultern und glotz den Willi ganz erwartungsvoll an.

„Tja", meinte der für mich. „Dat ging ja gar nich anders."

Und ich:

„Hömma Junge. Wat heißt dat denn? Dat ging ja gar nich anders. Du kanns mich doch da keine Wellen reinmachen, wo vorher sonne plane Ebene war, oder?"

Da meint der doch tatsächlich für mich:

„Ja ich musste ja schließlich auf dat Dach steigen und mir da hinknien, weil ich ja sons an die Eckens und Kantens garnich drangekommen wär. Von wegen den Abdichten mit den Silikon!"

Und ich krichte da schon erhöhten Blutdruck, dat hab ich sofort merken getan und sachte für den Bengel:

„Hömma, Junge. Wat erzähls du mich denn da? Häls du mir für ein Verrückten oder wat? Gib mich ma dein Chef."

Gibt der den Hörer wieda an den Fritz, der dat ja mitgehört hatte. Und der sacht sofort, dat er kommen tut und sich das ankucken täte. Noch heute.

Da mein ich so für den Fritz, der soll ma, bevor er bei mich kommt, noch ebend inne Zoohandlung vorbeifahrn, liecht ja an Wech, und paar Goldfischkes mitbringen.

Meint der Fritz:

„Wat willze denn mit die Goldfischkens?"

Und ich wieda:

„Na, dat is doch klar. Da kannze dich genau ankucken, wie die Fischkens da zwischen den Mount Everest und die Kitzbüheler Alpen sich da freischwimmen tun."

Fing der an zu lachen und meinte, dat ich dat ja wohl nich ernst gemeint hätte.

„Nee", sach ich für ihn. „Aba schön, dat du sofort kommen tus!"

„Und?", wollte ich jetz wissen. „Kam der auch?"

„Jau", sacht der Willi. „Der kam noch an gleichen Tach, hat sich dat angekuckt und paar Fotos wieda gemacht. Die hatter mich dann auf seine Digitalkamera gezeicht und hat gemeint, dat dat nich seine normale Arbeit wär, wat er da sehn täte und dat sowat gar nich gehn täte. Da würde er aba den Geselle aba jetz ma so richtich in den Arsch treten und hat mich versprochen, dat morgen ein anderer von seine Mitarbeiters kommen täte, der dat allet wieda in Ordnung bringen tut."

„Und jetz? Hasse allet wieda in Ordnung?", frach ich ihm.

Jau", sacht der Willi für mich. „Der hat innen paar Minütkes dat Verfuschte da beseiticht und jetz is allet wieder Paletti!", meint der Willi.

„Aber Freddy", sacht der noch. „Da kannze ma sehn, wat dat allet heute für Handwerkers sind. Sowat darf doch nich sein. Und wieso muss der sich auf dat Dach knien? Die Fläche is so klein, dat kann der doch vonne Leiter aus machen, oder meinze nich auch?" kuckt der Willi mir fragend an.

Und ich tu ihm antworten:

„Wenn ich mich so mein Dächsken vorne ankucken tu und dat mit dein Dächsken vergleichen tu, dann hamwa beide eigentslich die gleiche Größe von die Dächers. Da hasse Recht. Der brauch nich auf dat Dächsken klettern und da sonn Gebirge draus machen!"

Tja. Dat sind so Dönekens. Da weiße nich mehr,
watte noch sagen solls. Ährlich!

LEBKUCHENTACH (HEUTE)

Einmal in Jahr, so kurz vor Weihnachten, da is bei uns Lebkuchentach. Da tun wir mitte ganze Familie allet, wat an Lebkuchens bis dahin von die ganze Verwandtschaft und so andre Leute bei uns angekarrt is, aufessen.

Ja, wat soll ich euch sagen? Ich beiß da so ganz nebenbei in sonnen Lebkuchenstern rein und da warn so Stückskes drin. So wie kleine Kandisdingers. Die tut ihr sicher kennen tun von Tee her und solche Sachen. Ich also feste da reingehaut mit mein Gebiss. Und KNACK! ging dat, und ein von meine künstlichen Zähne lach auf einmal auf mein Teller. Und dat ausgerechnet aufen Freitachabend. Besser kann nich passiern, wa?

Na, wat soll ich groß erzähln? Meine Mary kuckt sich dat allet so von alle Seitens an und meint, so ganz in Vorbeigehn so, dat dat jetz kein großet Ding wär.

Ich kuck die ganz entgeistert an und meine Blagens auch. Fragezeichen ham da wohl in meine Äuchleins gestanden. Da meint meine Else, dattse ma ebend wech muss. Ich frachte gar nich mehr nach, weil für mich der Tach ja sowieso gelaufen war.

Nachdenklich kuckte ich also den Zahn von alle Seitens mehrfach an und fühlte in meine Kauleiste mit ein Finger nach, wo dat Ding denn jetz wohl fehlen täte. Links oben, so halbrechts von den anderen oberen Haupthauer. Da war jetz ne Lücke. Na. Dat war ja ein schönen Scheißendreck, dachte ich noch so bei mich.

Nach ne halbe Stunde kommt meine Else zurück und ohne wat zu sagen, lechtse mich da sonnen Sekundenkleber aufen Tisch. Die hatte imma tolle Ideen. Aba eigentslich war nix andres zu machen. So von wegen Wochenende und so weiter.

Wennze damit nach ein Notzahnarzt fahrn tus, dene ja auch ersma finden tun muss, dann is dat Wochenende um und helfen kann der dich sowieso nich, weil die Zahnlabore ja vielleicht kein Notdienst ham tun. Dann stehsse da mit dein dämlichet Gesicht.

Also hamwa, meine Blagens, meine Else und ich, uns drangemacht, den Zahn wieda in die Lücke einzukleben. Mit den Sekundenkleber ebend. Tröpsken vorsichtich drauf und anpassen. Nach zwei Versuche saß dat Ding dann tatsächlich bombenfest. Vorsichtich hab ich dann sonne Schnitte Toastbrot gegessen und wat soll ich euch sagen? Hat gehalten.

Mein Zahnklempner, dat muss ich allerdings auch sagen, der war nich begeistert wie ich ihm erzählte, dat ich dat mit Sekundenkleber festgekleistert hatte. Mann oh Mann! Hat der geflucht.

Und dat Labor hinterher ers noch. Die ham dich da vielleicht ein Theater gemacht. Aba egal. Die ham dat Ding in meine Speiseluke dann korrekt wieda repariert. Hat aber knapp über dreihundert Ocken gekostet. War mich aber in diesen Notfall eigentslich gleich.

Hauptsache, dat jetzt allet wieda gebissen werden kann. Nur Lebkuchen: Den tu ich nich mehr anpacken. Dat wird mich imma in Erinnerung bleiben tun, wat dat für ein Gefühl war, als der Zahn aufen Teller gefalln is. Und dat Geklimper dabei. Mörderisch! Nee. Lebkuchen? Nie wieda! Geh mich bloß einer wech damit.

ENDE VON DIE FUFFZIGER JÄHRKES (DAMALS)

Also ich will ma sagen, eigentslich bin ich ja ein Mensch, der nich so gerne in den Vordergrund stehn tut. Aba hier will ich doch so paar Dingers erzähln, die ich heute noch gerne aus meine Kindheit erzähln tu. Dat warn vielleicht Zeiten, Leute! So Ende von die fuffziger bis Mitte in die sechziger Jahre. Ährlich.

Wir ham da in Ickern in sonne Bercharbeiterwohnung gehaust. So ungefähr zweieinhalb Zimmerkes für Leute, die nur ein Blach hatten. Die meisten Nachbarn hatten aba mehrere Blagens und deswegen auch größere Wohnungen vom Pütt zur Verfügung gestellt gekricht.

Meine Alten und ich, weil ich dat einzichste Blach war, wat die hatten, warn ebend in sonne kleine Wohnung in ein Dreiblöckehaus mit drei Eingänge an Wohnen. Hinter jede Haustür wohnten vier, manchet Mal auch fünf Familien mit ihre Blagens. Und fast alle Nachbarn hatten ebend mehr als ein Blach. Eng warn die Buden aba trotzdem. Egal, oppe da zwei, drei oder vier Zimmers gehabt hass.

Und so warn wir Kröten natürlich imma viel draußen am Spielen und Streiche machen und so Sachen. Weil: Computer und Handys und sowat, dat gab et noch gar nich. Und Fernsehers? Die Familie in unsern Block mitte meisten Blagen, ich glaub, die hatten sieben oder acht von diese Sorte, die hatten auch dat erste Schwarz-Weiß-Fernsehn. Wir andern hatten höchstens Radio. Dat war ja so die Nachkriechszeit. Die Männers warn auf Schicht und die Frauen warn Hausfraun. Die warn für Kochen, Putzen, Waschen und so Sachen eingeteilt. Na ja. Wie auch immer. War ne tofte Zeit.

Wenn Freitachnachmittach so um fünf Uhr war, rief die Nachbarsfrau – die mitte meisten Blagens – aussen Küchenfenster:

„Kinders. Kommt rein! Kasperle kommt gleich!"

Und wirklich alle Blagens, so wie se warn, verrotzt und dreckich von Spielen, teilweise mit Matsche anne Schuhe und so, durften dann bei die Nachbarin Fernseh kucken. Kasperle. Schwarz-Weiß! Farbe kanntesse ja höchstens von die Bilders inne Illustrierte. Und die konnte sich damals auch kaum einer leisten tun. Dat billichste war imma noch die Bild-Zeitung für zehn Pfennich. Egal.

Dat tat uns aba jetz nix groß wat ausmachen tun. Dat mit Schwarz-Weiß-Glotzen und so. Denn dat war für uns ja tofte. So konnten wa wenichstens einmal inne Woche inne Glotze kucken. Auch wenn nur Kasperle war. Die Kremers, die von nebenan mit die beiden Blagens, ein Bengel und eine Schickse, die hatten sonn Kasperletheater, sonne bunte Bretterbude mit so Puppens selber in ihre Hütte. Und da taten dann wir alle, wenn Sauwetter war draußen, so manchet Mal die Sache, die wir da in Fernseh gekuckt hatten, nachspieln.

Da saßen wa also in den Wohnzimmerken von die Nachbarin. Die meisten von uns aufe Erde. Ob wir dreckich warn oder nich, dat war die Matta, so hieß die Nachbarin, egal. Und weil die nich nur ihre eigenen Blagens mochte, sondern auch uns alle von die Nachbarn, hattse dann gefracht, ob einer Hunger ham tut. Klar hatten wir Kohldampf. Alle Hände gingen also hoch. Wie inne Schule. Aber viele von uns warn ja noch gar nich inne Schule und schon gar nich innen Kindergarten. Dat, wat heute so ungefähr selbsverständlich is, so Kitas und sonn Zeuchs, dat gab et auch noch nich in diese Mengen wie heute.

In unsern Stadtteil gab et nur ein evangelischen und ein katholischen Kindergarten.

Dat müsst ihr euch ma überlegen tun: Bei damals viel mehr Blagens wie heute. Und wennze weder dat eine noch dat andre von Glauben her wars, dann hasse Pech gehabt.

Aber die meisten von uns warn sowieso nich in Kindergarten. Ersma weil die ebend nich so viele

Plätze hatten wie Blagens da warn und dann deswegen, weil wa lieber draußen gespielt ham tun. Da war genuch Kindergarten. Jeden Tach. Außer vielleicht Sonntach.

Da war Tach für schön Anziehen. Also ich mein so saubre Klamottens und so. Weiße Söckchens bei die Schicksen und saubere Schuhe bei die Bengels. Also war dat allet auch kein Thema für uns oder unsre Alten. Dat mit die Kindergartensachens.

Wenn also die Mutter Matta nach Hunger gefracht hat, dann hatten alle Hunger. Klar. Wir hatten ja seit mittachs alle draußen gespielt. Fangen, Verstecken, Fußball, Seilchenspringen, Hüpfen, kleins Feuerken machen bei den Oppa Müller in sein klein Garten oder auch ma die Bengels vonne Nachbarstrassen aufe Birne haun, weilse in unser Revier eingebrochen sind und unsre kleinen Schicksen anmachen wollten oder auf unsre Straße oder auf unsre Bleichen pölen, also Fußball spielen, wollten.

Dat hamwa aba nich zugelassen. Dat darf ich hier ma ausdrücklich erklärn tun. Auch wenn wa selba an unsre Schicksen, die da in unsre Straße gewohnt ham tun, gar kein Interesse hatten. Aba dat war die Ehre. Da hamwa ebend unsre Flitschen, also unsre Zwillen, ausgepackt und die mit die

Krampens dann beschossen. Die Krampens hatten wa wohl woher? Na klar. Entweder bei den Oppa Müller oder woanders ausse Gartenlaube geklaut. Die Männers brauchten die für den Draht anne Zäune festmachen. Und wenn ma ganz dicke kam, dann krichten die ebend mitte Zaunlatte oder den Giddel sein Papa sein Hämmerken auf dat Fressbrett gekloppt. Wenn ihr verstehn tut, wat ich hier meinen tu.

Die Matta machte also für uns Blagen für jeden ne Schnitte. Drauf kam ganz dünn Margarine (war an billichsten damals) und dann Zucker. War lecker. Und wenn einer Durst hatte, dann krichte der auch wat. Nämich nen Glas Wasser mit Zucker aufgelöst drin. Und alle Blagens warn zufrieden und glücklich.

Jau. So war dat damals bei die Nachbarn freitachsnachmittachs vor die Glotze, wenn Kasperle kam. Diesen kleinen Schwank aus meine Kindheit wollte ich euch nich vorenthalten tun. Is ja ma vielleicht ganz interessant. Oda wat?

HUGO (HEUTE)

Jetzt tu ich ma wieda inne Gegenwart zurückkommen, ne?

Vor paar Tage war ich eingeladen bei mein Freund Hugo. Der tut zusammen mit seine Frau in Bochum wohnen. Hugo is paar Tage älter als wie ich, aba topfit, dat kann ich euch wohl sagen. Hugo is eigentslich von Beruf Metzgersmeister, tut aba heute seine Frau in ihre Firma bissken helfen noch.

Der Hugo, dat war damals der jüngste Metzgersmeister inne ganze westfälische Innung, glaub ich so verstanden zu ham. Wenn ich dat missverstanden ham sollte, tu ich mir hier bei den Hugo herzlich entschuldigen.

Na ja. Hugo is auf jeden Fall inne Metzgersmeistersfamilie reingeborn worden. Oppa war Metzger, Papa war Metzger. Dat war so wie hier bei uns in Castrop und so Umgegend mitte Berchleute. Oppa war Berchmann, Papa war Berchmann...........! Kann ich jetz so fortsetzen. Tu ich aba nich. Also. Zurück zu den Hugo.

Der Hugo is ein ganz, ganz feinen Mann. Und seine Ilse? Dat is eine noch feinere Frau. Freundlich, lieb, umgänglich. Von die kannze, wenn Not inne Bude is, dat letzte Hemd kriegen, watse anhaben tun. Ährlich. Und der Hugo hat mich erzählt, dat er und sein Papa, der erfolgreiche Metzgersläden nich nur, aba auch in Bochum hatte, imma auf ihre Visitenkarten zwei Berufe stehn hatten: Einmal Metzgersmeister und einmal Diplom-Chemiker. So auf jede einzelne Karte schön untereinander unter den Name. Dat tat ungefähr so aussehn:

HUGO
Metzgermeister
Dipl.-Chemiker
Postleitzahl, Ort,
Straße, Hausnummer
Telefon
Telex

Telex deswegen, weil et zu die Zeit wo der Hugo Metzgersmeister wurde, noch kein Fax gab. Also wat ich damit sagen will is, dat die kurz nach den Kriech noch nich soweit warn wie heute. Is eigentslich ja auch logisch, nich? Und darum gab et ebend Telex. Erklärn, wie dat funktioniert hat, tu ich euch aba nich hier. Da tut ihr ma lieber euern Oppa fragen tun.

Also wenn der Hugo und sein Papa irgendswo sich vorgestellt ham wegen Fleisch einkaufen oder ganze Rinder und Kühe oder Schweine zum selber Schlachten oder den Gewürzvertreter und so weiter bissken beeindrucken wollten, dann hatten die

denen jeweils ihre Visitenkarte in die Hand ge-
drückt. Und die warn natürlich überrascht, weil da
ja zwei verschiedentliche Berufe draufgestanden
ham:

Metzgermeister UND Diplom-Chemiker!

Und Bumms! Hatten die beiden Metzgers schon einen sogenannten „Türöffner" für ein interessantet
Gespräch. Denn die meisten von denen, die die
beiden Hugos ja noch nich kennen taten, die frach-
ten dann sofort:

„Wie, Herr Hugo? Sie ham zwei Berufe? Sie sind
Metzgermeister UND Diplom-Chemiker? Wie
hamse dat denn gemacht? Und wofür?"

Schmunzelnd ham die beiden Metzgers dann sofort ihre logische Antwort in petto gehabt:

„Ja, wissen sie? Wir als Metzgermeister waren
doch die ersten, die Wasser schnittfest gemacht
haben!"

Peng! Hatten die schon für einen höchst unförmli-
chen Einstiech in die Verhandlungen gesorcht und
die Sympathien, so heißt dat glaub ich, auf ihre
Seite gehabt. Köstlich, ne?!

Und der Hugo, der hat genauso Geschichten aus seine Kindheit auf Lager wie ich, der Freddy. So hatten die damals von ihre erste Metzgerei in Bochum nich weit wech ein Wohnhaus. Die Grundfläche war so ungefähr 100 qm und dat ganze Ding ging über drei Etagen. Da wohnten die Oma und der Oppa von den Hugo, den Hugo seine Eltern und natürlich der Hugo mit seine Brüders.

Der Hugo meinte, dat müsse so ungefähr gewesen sein, als er so sechs oder sieben Jahre alt war, da gab et inne Straße, da wo der Laden und dat Haus standen, ein großen Wasserrohrbruch.

Und bei die Metzgers war dat ja damals so, dat die noch selbs allet gemacht ham: Schlachten, Wursten, Würzen, also allet, wat an allgemeine Metzgersarbeit so zu machen war. Und dat dauerte manchet Mal bis inne Nacht. Vor allen dann, wennse gerade geschlachtet ham oder an wursten warn. Da musste dann abends noch die Fleischwurst ja inne Badewanne gelecht werden. In Eis. Damit die andern Tach schön aussehn tat und eine rosige Farbe hatte und schön prall anmutete in dat Licht von die Verkaufstheke und so weita.

Oder aus dat, wat über die letzten Tage übrich geblieben is, musste noch dat Corned Beff in Form gebracht werden und solche Sachen.

Und wat den Metzger sein Corned Beff, dat war den Bäcker sein Punschberg. Oder sowat. Komm wa aba später noch drauf.

Also wie gesacht, hatten die Metzgers damals, und auch ihre Frauen, fast gar keine Zeit für zum Kochen oder sowat unnützet. Die mussten damals ja beide noch richtich malochen. Nich so wie heute: Gehsse innen Diskontladen und has allet fertich verpackt, brauchsse nur noch in die Einkaufskarre legen. Nee. So war dat damals nich.

Und darum war bei Hugo und seine Eltern imma die Oma zu Hause für dat Kochen zuständich. Der Oppa von den Hugo war ja schon Rentner und hatte mit metzgern und sowat allet nix mehr zu tun.

Und die Oma hat für die ganze Familie ja kochen müssen. Und früher war dat so, dat ja von die Leute, auch bei uns, allet eingekocht wurde. Egal ob Früchte, Obst, Gemüse aussen eigenen Garten und selbs die Ärappels, also die Kartoffels, wurden eingekocht.

Und bei die Metzgers auch dat Fleisch, soweit dat ging.

Und selbs bei unser Oppa und die andern Berchmänners kam einmal in Jahr der Metzger aufen Hof und hat dat halbe Schwein zerlecht, wat der Oppa gekauft hatte.

Allet wat irgendswie ging, wurde eingekocht. Lecker Leberwurst, Schmalz, Grützwurst und allet wat geräuchert werden konnte, dat hat unser Oppa in ein sogenannten Rauchfang reingehangen.

Dat hatten die sich damals alle selbs gebaut. Also eigentslich tun die auch allet vermetzgert und eingekocht und geräuchert ham, wat so ebend ging. Da hasse nix wechgeschmissen. Da hasse dann dat ganze Jahr wat von gehabt und brauchtesse nix mehr großartich zukaufen. Noch nich ma die Eiers.

Denn bei uns wenichsten, wir hatten auch Hühners. Und sonnen Gockel. Dat war der Chef von die Hühners.

Und innen Garten hasse ja auch allet gehabt. Allet, wat ihr euch an Kräuters und Gemüse vorstelln tun könnt. Und jeder hatte auch nen Appelbaum, nen Birnbaum, mindestens ein Kirschbaum. Wenn ging, dann zwei Kirschbäumkes. Ein für die süßen und ein für die sauren Kirschen.

Und wenn Platz noch übrich war, dann auch noch sonnen Pflaumenbaum. Aba, dat muss ich hier ma sagen tun: Wennze Pech hattes mitte Pflaumen und du dich die roh reingehaun hass, dann konnte et schomma sein, datte da Fleischeinlage mit drin hattes. Jau! Aba meistens ham die Ömakes die

Dingers ja auch eingekocht. Und dann tut die Fleischeinlage meistens auch tot gewesen sein und du hass da nix mehr von gemerkt. Später. Auf Bütterken oder als Nachtisch wie Kompott oder sowat.

Na ja. Und aufen Komposthaufen, da blühte der Rhabarber. Auch der wurde natürlich eingekocht. In alle Varianten. Mus, Kompott. Ebend allet. Und wenn dann bei Oppa ma Hühnerfleisch gab, dann konntesse damit auch allet Möchliche machen. Suppe, Brühe, Braten, gekocht, gebraten, gedünstet. Oder Hühnerbrustfilet mit Erbsen und Möhren und Salzkartöffelkes. Kartoffels brauchtesse auch keine kaufen. Die hatte der Oppa ja innen Garten. Dat Einzichste, watte vielleicht ma nachkaufen musstes, dat war hier und da ma son Huhn oder son Hahn aufen Wochenmarkt, wenn der alte Hahn oder dat alte Huhn ein vor die Birne gekricht ham. Von wegen für uns für Essen.

Und wennet dann ma Hasenkeule gab. Jau. Da musste der Opa dann aufen Markt auch ma hier und da nen neuet Langohr kaufen tun. Aber ansonsten wat kaufen? Eigentlich nix. Gar nix.

Und dat eingekochte Zeuchs, da hattesse ja mindestens ein Jahr Ruhe, nich wahr? Je nachdem, wat für nen Kawenzmann dat Schwein war, hattesse auch länger wat von.

Und weil der Berchmann als solchen ja imma kreativ sein musste, hatten die klasse Ideen. Nämich die, dat die sich mit paar Männekes zusammentaten und paar mehr von die Schweineviechers auf einmal gekauft ham. Da hamse dat billiger gekricht. Und die brauchten dann auch nur ein von die Metzgers. Dat Metzgern selbs, dat ging dann imma bei unsern Oppa aufen Hof. Weil der den größten hatte. Also Hof.

Da tu ich mir noch erinnern, dat irgendswann ma der Metzger, der dat noch lebende Viech da ja noch ein vor Birne haun musste, bissken besoffen war. Ich glaub, der hat dreimal angesetzt und zwischendurch noch ebend nen Schluck ausse Pulle genommen, bis der Schlach dann gesessen hat.

Und weil unsern Oppa da auch nich so richtich zukucken konnte, hat der sich auch die Pulle paarmal angesetzt für zum Trinken. Na. Ich kann euch verkasematuckeln: Dat war vielleicht nen Gequieke. Darf ich nich mehr dran denken. Ich glaub, ich hab ersma kein Schweinefleisch mehr runtergekricht. Bestimmt so halbet Jährken oder so. Na ja. Is ja auch egal jetz.

Puuhhh! Jetz bin ich aber ganz schön abgegleitet.

Na ja. Wie dem auch is. Auf jeden Fall hatte die Oma von den Hugo in den Keller von dat Häusken von die Hugos ein großen Raum mit Regale anne

Wände. Und auf diese Regale standen ebend diese Einkochsgläser mitti vielen leckren Sachen drin, die die Oma ja brauchte. Und an diese Einkochsgläser musste die Hugo-Oma ja imma dran, wennse frisch kochen wollte. Und frisch Kochen tatse jeden Tach.

Aba wegen den Rohrbruch war der Keller voll Wasser gelaufen. Da stand ungefähr so ein Meter fuffzich dat Wasser hoch. Und die Oma kam nich mehr an die Regale dran.

„Um Gottes Willen!", rief die durch dat ganze Häusken. „Wat mach ich jetz bloß? Ich komm ja gar nich an die Gläsers. Da kann ich ja gar nich kochen für die Kinders!"

Der Oppa von den Hugo hatte natürlich ne glänzende Idee. Er holte die kleine Zinkbadewanne in den Keller runter, in den die Blagen imma samstachs ihr Vollbad gekricht ham früher und holte aus den Metzgersladen eine von die langen Wurststangen.

Dat habt ihr bestimmt schomma irgendswo gesehn. Dat is sonne Holzstange, an die an die eine Seite so Hakens dran warn. Da ham die Metzgers imma die Würste vonne Stellage genommen, die ganz hoch oben gehangen haben tun. In Laden anne Wand.

Der Oppa hat also dat Ömaken in die kleine Zink-
wanne gesetzt und hat die dann mitte Wursthaken-
stange imma über dat Wasser in den Keller dahin
geschoben, von wo aus die die Einkochsgläser
brauchte. Problem gelöst.

Die Oma war bissken wackelich aufe Beine hinterher. Aber die konnte wenichstens kochen tun. Und
damit war dat Problem gelöst. Tolle Oma! Noch tol-
lerer Oppa! Und die ganze Metzgersfamilie
brauchte nich zu hungern.

Aus die Maus.

DIE BÄCKERS UND DIE METZGERS (DAMALS)

Tja. Und für die, die noch die alten Bäckersleute kannten? Da hab ich auch noch ne kleine Anekdote. Schon die Metzgers ham ja nix wechgeworfen von die Schlachtungen, die se durchgeführt ham. Selbs die Röhrenknochen wurden bei die noch tagelang in siedend heißet Wasser ausgekocht. Da hatten die nen kräftigen Fond oder ne Grundlage für ne Brühe oder sowat.

Und bei die Bäckers, da war dat nich viel anders. Und bei die Bäckers, die auch noch Konditors warn, sowieso nich.

Ich hatte ein Kumpel, der war ein Konditorgeselle. Also der hat dat richtich gelernt mit die Tortens machen und die Verzierungens und so. Und der wusste auch damals schon, wie dat mit die Resteverwertung ging.

Wat nich verkauft wurde, kam nachts innen Froster. An andern Tach konntesse dat dann auch noch verkaufen. Und wenn garnich mehr anders ging, dann ham die die Reste zusammengerührt. Bissken Schwarzbrot noch vielleicht bei und, damit dat besser schmecken tut, ein Schuss Rum. Dat war wegen den Geschmack ebend. Heute brauchse da nich mehr viel rumpusseln mit. Da gibbet nämich

die großen Firmens, die sonne Geschmacksverstärkers und sowat allet in ihre Industrien herstelln
tun.

Na ja. Zurück zu die nich verbrauchten und nich
verkauften leckren Sächelchen.

Am nächsten Tach hasse dann inne Auslage von
die Bäckers und Konditors die Punschberge stehn
gesehn. Sehr lecker. So mit eine glänzende Scho-
koladen-Glasur und allet sowat.

Darum hatten die Metzgers und die Bäckers und
die Konditors nachher auch alle irgendswie Häusers oder sowat. Die ham gut Knete gemacht. Damals. Und heute?

Na ja. So richtige Bäckers und Konditors oder
Metzgers tut et eigentslich so in diese Form nich
mehr geben tun. Die Bäckers heute sind ja meistens so Kaltbäckers. Dat heißt, dat die sonne Art
Rohlinge geliefert kriegen von so große Firmens.
Die tun die ebend einfach aufbacken tun und dann
hasse eigentslich allet, watte den Kunde da andrehn kanns. Egal, ob dat Brötchens sind oder
Brot; Hefeplätzkes oder irgendswie so Baguette
oder Schokohörnkes und allet ebend sowat.

Und da gibbet ebend die oben gesachten großen
Firmens, die diese Geschmacksverstärkers und
sowat allet in große Mengen herstelln tun. Und die

tun dat Zeuchs dann an die Zulieferers von die Kaltbäckers verkaufen tun, die brauchen ebend dieset Zeuchs, damit allet nich gleich schmecken tut.

Also der Verbraucher, also wir, wir solln dat Gefühl kriegen, dat dat Brötchen, wat wie sonn Brötchen aussehn tut, auch wie sonn Brötchen ebend schmecken tut. Obwohl, wennze aus Versehn dat falsche Teilchen erwischen tus, dann kannet dich passiern, dat dat Brötchen auf eimal wie sonn Schoko-Croissant schmecken tut. Aber dat darf natürlich nich passiern tun weil, dann kannze dich ja den zusätzlichen Kauf von die Schokocreme, die du dich sons auf dat Brötchen schmiern tätes, wat wie sonn richtiget Brötchen schmecken tut, sparn.

Oder du kaufs dich bei sonnen Diskonter aus die Backecke sonnen Laugenbrezel und der tut auf einmal wie ein Pizzabrötchen schmecken tun.

Also: Kaufen die sogenannten Kaltbäckers, die ja nur viel aufbacken tun und nix mehr selber machen, die Rohlinge lieba bei diese Industrieheinis. Weil, wenn die dann irgendswie ma ein Fehler machen tun.....kann der Kaltbäcker ja nix für, nich wahr?

Also allet bissken mit viel Chemie. Is billich. Brauchs dich kein Kopp mehr machen, watte fürn Rum kaufen muss, damit die Punschberge nen besseret Aroma kriegen oder so. Oppe jetz Strohrum nehmen tus oder bissken mehr ausgibs für die Firma Rott oder sowat, wenn ihr hier verstehn tut, wat ich meinen tu.

Und Farbstoffe tun die auch machen, diese Firmens da. Auch allet mehr oder weniger chemisch. Eigentslich mehr als wie weniger. Dat meint zumindestens mein Schwager. Der is in sonne Firma an arbeiten tun. Die machen aba nich nur Farbstoffe, die tun auch die Düfte machen für die Parfüms und Crems, die du da inne Drogerie oder Parfümerie kaufen tus.

Oder vielleicht auch bei den Diskonter.

Mein Schwager tut die Meinung sein, dat die Verpackung von diese Parfümchens und Döschens mitte Crems teurer sein tut, als dat wat drinne is.

Wennze also ein Duft von die Elli Meier kaufen tus, dann kannet dich auch passiern, dat die Tagescrem von die Vanessa Müller gleich riechen tut. Ährlich. Meint der. Ich weiß dat natürlich nich, weil ich außer eine spezielle Crem, die auch mein Papa schon benutzen tun hat, nix anderet an meine Haut lassen tu. Außer natürlich Wasser und Seife. Höchstens ma den Rasierschaum. Brauchse aber eigentslich auch garnich, meint mein Schwager. Der Schaum von nen gutet Stück Seife täte den gleichen Effekt ham, meint der.

Ich tu dat ma ausprobiert ham. Und wisst ihr wat? Der hat Recht. Mein Schwager. Na gut. Dat wollte ich noch so als kleinet Döneken näher erzähln.

Abgesehn davon is der Hugo auch nen sogenannten begnadeten Textdichter heute. Der tut dich vielleicht nen paar Dingers raushaun. Mein lieba Kokoschinski! Da geht dich dat Herz auf. Aba davon tu ich euch später noch wat näher erzähln tun.

FALSCHE SOCKENS (HEUTE)

Also ganz ährlich! Wat allet so aus paar Sockens passiern kann, die du verkehrt anziehn tus. Dat hab ich gelernt. Wenn ich euch dat erzähln tu, wat mich passiert is. Da tut ihr mir auslachen tun. Oder vielleicht auch nich. Ich weiß dat nich. Aba hier die Geschichte dafür:

Also! Vor paar Wochens oder so, et war noch Winter und dunkel in die Schlafbude, da zieh ich mich wie imma morgens an Bett paar frische Sockens an. Schublade auf, kein Licht angemacht, weil meine Mary noch gepoft hat und ich die nich störn wollte. Und weil ich allet nur schwarze Sockens hab, die imma schön ineinander gewuselt werden nach den Waschen, hab ich mich da weiter gar kein Kopp gemacht.

Nachmittachs sacht meine Else auf einmal für mich:

„Hömma. Hasse zwei verkehrte Sockens an!"

Und ich:

„Wie? Wat? Verkehrte Sockens. Die Sockens sind alle Schwarz und alle gleich, oder tu ich mir da verirren in mein Kopp?"

„Nee. Die sind nich alle gleich, die Paare. Da sind Paare bei, die ham anderet Muster."

„Ja, dat mach wohl sein. Aber für mir sind die alle gleich. Und Musters. Wat hab ich mit die Musters zu tun? Du packs die doch nach den Waschen imma zusammen. Dann bis du doch Schuld, wenn da in ein sonnen Knubbel zwei verschiedene Musters warn, oder nich?"

„Also einet kann ich dich sagen", meint die Mary für mich. „Ich tu allet so rein, wie et auch rauskommt. Und ich hab noch nie, noch nie! Sockens verwechselt. Aber du has da einfach nich richtich hingekuckt, oder?"

„Tja, also…", versuch ich einzuwenden, kam aber nich mehr zu weitere Wörters, weil meine Mary schon abwinken tut. Und weil ich ein ruheliebenden Mensch bin, hab ich dann weiter auch kein Wort mehr versucht zu ergreifen. Egal jetz!

Jetz war dat ja so, dat ich kurz da drauf Geburtstach hatte. Jau. Und weil meine Uhr, die ich schon dreunddreißich Jahre getragen hab, den Geist aufgegeben hat und angeblich laut den Uhrmachermeister bei uns inne Stadt auch nich mehr zu repariern war, hat mich meine Familie, also meine Mary und die Blagens zusammen, eine neue Uhr zum Geburtstach geschenkt.

Ich also ganz freudich die Schachtel aufgemacht. Und? Wat soll ich euch sagen? Da ham die mich ein Ührken geschenkt, dat war mit allet dran, wat die Technik heute zu bieten hat. Lupe, Sekundenzeiger, Licht und, ihr glaubt et nich, nen Kompass.

Unglaublich kuckte ich in die Runde und frachte dann:

„Aba wat soll denn der Kompass? Und dat mit den Licht?"

„Ja", meinte meine Else. „Dat is deswegen, weil du ja die Sockens verwechselt hass. Und wenn du ma irgendswo bis, dat du dich nich verlaufen tus. Und dat Licht is, weil wenn ma dunkel is draußen und du vielleicht den Weg nich richtich finden tus!"

Ja. Da war ich dat erste Mal blass geworden. Dat konnte ich nich mehr wechseln. Dat war zu viel für mir. Aber bedankt hab ich mir trotzdem. So, wie sich das für nen älteren Menschen ebend gehörn tut. Die Fassung darfsse da nich verliern tun. Oder wie dat auch imma heißen tut.

Zwei Wochens später.

Einmal in Jahr darf ich mit mein Nachbar Willi auch schomma inne Kneipe. Bei uns umme Ecke. „Plörre" heißt dat Ding. Is die einzichste Kneipe, die et überhaupt noch geben tut bei uns inne Gegend. Na ja. Ich komm auf jeden Fall nach Hause, geh über die Hintertür inne Küche und meine Else sitzt da inne Küche und hat Berge von meine Textilklamotten aufen Tisch liegen und is am Nähen.

Ich so:

„Sach ma. Wat machse denn da so spät noch mit meine Klamottens?" Und jetz kommtet.

Sacht die doch tatsächlich für mich:

„Weisse. Weil du die Sockens doch verwechselt hass damals, da meinten die Blagens, ich soll dich doch vorsichtshalber ma paar Etikettkes in deine Klamottens nähn. Damit, wenn du ma nich weiß, wo du sein tus oder wie du heißen oder wohnen tus, dat man dir an die Etiketten erkennen kann. Die, die dir finden tun, die wissen dann sofort, wo se dir hinbringen müssen!"

Ja Leute! Wat willsse denn da noch zu sprechen? Da fällt dich doch nix mehr bei ein, oder? Auf jeden Fall bin ich an den Tach ohne Gruß in Bett gegangen.

Aba Alarm vorbei: Die Sache hat sich inzwischen wieder beruhicht. Allet wieder gut.

DIE BLAGENS VON UNSRE STRASSE – 1. DIE SCHICKSENS (DAMALS)

Jetz will ich euch noch ein Schwank aus meine Kindertage erzähln, wenn ihr dat erlauben tut.

Also. Wir warn ja in unsre Straße unheimlich viel Blagenvolks. Schicksen wie Bengels. Die kleinen Schicksen spielten genau wie wir Bengels meist draußen. Egal, wat fürnen Wetter dat war. Bei die Schicksen war meist so mit Hüpfen oder Seilchenspringen oder Gummitwist. Da mussten zwei Mädels mit ein gespanntet Gummiband um die Waden sich gegenüberstehn und die Dritte muss dann so Figuren springen. Aber so, dattse sich nich verheddern tut. In dat Gummiband.

Dat war für uns Bengels natürlich gar nix. Nur dann, wenn die dicke Berta sprang, dann kuckten wir doch schon genauer hin. Weil, wenn die sprang, dann war die imma schon schnell außer Atem und an Schwitzen und ihre Speckröllchen hüpften so lustig unter ihre Acrylpullis.

Für die, die damit nix anfangen können: Et gab damals Nyltest-Hemden. Warn billiger wie die aus Baumwolle oder sonswat. Die Dingers hatten aba den Nachteil, dat man da drin unheimlich schnell an Schwitzen fing. Da hasse nach paar Minutens schon die Schweißfleckens drauf. Zuerst imma unter die Achseln.

Und dann gab et ja noch andre Textilien, die man aus Kunststoffe gemacht hatte oder viel von den Kunststoff da drin verbraten hat. Weil? Ebend! Dat war billiger. Hat sich aba nich lange gehalten allet. Weil die Leute nich in Büro sitzen wollten mit stinkige Schweißfleckens unter die Arme und so weiter. Aba damals gab et dat ebend und wurde gekauft. Ebend auch diesen Acryldreck, wo du drin sofort an Schwitzen fings. So wie bei die dicke Berta in ihr Acrylpulli.

Wennze bei die nach den Gummitwist oder den Seilchenspringen auf drei Meters rangekommen bis, musse dich die Nase zuhalten oder schnell abhaun. Dat kam ebend davon, dat die auch imma diese Pullis mit diesen Acrylscheiß getragen hat. Ham ja alle. Aba bei die Berta?

Ihr müsst natürlich wissen müssen, dat diese Acrylscheiße sich imma ganz eng an die Konturen von den Körper von den Träger angelecht hat. Dat brachte dat Zeuchs so mit sich, nich wahr. Und weil die Berta die dickste Schickse vonne ganze Straße war, zeichneten sich diese figürlichen Nachteile bei ihr besonders ab ebend unter dat Plastikteil.

Puuuhhh!!!

Konnte die ja nix für. Weil, selbs wenn ihre Mama diese Ankleideteile eine oder drei Nummern größer gekauft hätte: Hätte nix genutzt. Dat war son Dreckszeuchs ebend. Lach imma an Körper eng an. Und fings dann auch sofort an zu Schwitzen.

Et sei denn, du tus einfach nur stehn. Aber ährlich. Habt ihr schomma nen Blach gesehn, wat nur gestanden hat? Ich nich. Wir tun imma in Bewegung gewesen sein.

Deswegen, denk ich manchet Mal, sind wa auch alle schlank geblieben. Ja gut. Bis auf die, die sonne Veranlagung vielleicht für dick werden hatten. Dat warn dann die Gene oder wie meine Moder dat ma ausgedrückt hat, vielleicht eine Drüsenstörung bei diese Menschen.

Oder dat liecht am zu viel Fressen, hab ich dann später ma gesacht. Und viel, viel später hab ich dann festgestellt, dat dat auch an zu viel Saufen liegen kann. Wegen den Alkohol und so.

2. DIE BENGELS (DAMALS)

Ja und wir Bengels? Wir ham ja lieba Fußball gespielt. Und entgegen von die andern Bengels aus die andern Straßen hatten wa sogar nen echten Lederfußball. Der war teuer. Dat hatte nich jeder. Aber der Friedhelm, der Mittlere von die Familie mit die vielen Blagens von nebenan, der hatte sowat.

Der Ältste, der Giddel (eigentlich hieß der Gerd), hatte sogar schon ne Mofa. Sonne Mobylette. Dollet Ding. Da ham die mich ma nen kaputten Wackelzahn mit gezogen. Dat ging so: Der Giddel hat dat Mofa aussen Stall von bei sein Alten geholt. An den kleinen Gepäcksträger Nähseide dran, an mein Wackelzahn die andere Seite von die Nähseide, dann so auf drei Meters bissken gespannt. Der Giddel hat dann Gas gegeben mitte Mofa und die andern Kröten ham mir festgehalten. Ruck-Zuck! Floch dat Mistding bei uns übern Hof. Allet ohne Zahnklempner.

„Siehsse", meint der Giddel. „Wat brauchse denn da noch sonnen Zahnfuzzi? Dat machen wa hier für auf lau! Der Zahnheini hätte dein Alten nur für Händeschütteln schon nen Zwanziger abgeluxt!"

Hatte der wahrscheinlich Recht. Oder auch nich. Weil mein Alten, genau wie die andern Püttmänners ja inne Knappschaft versichert war. Da tun die Ärzte und so nix kosten tun. Allet auf lau. Also für mit ohne Kohle. Aba ich wollt mich mit den Giddel ja nich verderben tun und hab den auch nich widersprochen. Weil: Manchet mal – oder öfters – hatte der Recht. Manchet Mal aber ebend auch nich. Und brauchen tun tusse den auch manchet Mal. Oder öfters sogar. Weil dat ein toften Typ is.

Und weil unsre kleine Straße bissken abschüssich war, da bauten wa uns alle zusammen sonne Seifenkiste. Paar Bretters, zwei olle Kinderwagensachsens und bei Oma Müller vonne Wäschestange von die da hingehängte Wäscheleine bissken geklaut, Stücksken abgeschnitten von und als Lenkung verwendet. Und dann ging aba die Post ab. Jeder durfte paarmal von oben nach unten sausen. Der Schnellste hat gewonnen. Und damit nich gefudelt werden kann, da hat der Berni, dat is der Bruder von den Giddel und den Friedhelm, von sein Alten die Armbanduhr „geliehn".

Die hatte nämich nen Sekundenzeiger. Damit konntesse genau die Zeit stoppen. Wat heißt stoppen? Gutet Auge brauchtesse. Na ja. Jeder ma paarmal auf die Schnauze geflogen an Ziel. Ich auch. Knie kaputt. Blut. „PAPA!" Kam der Vadder, kuckte da kurz drauf und meinte nur:

„Macht nix!"

Mit Wasser bissken ausgewaschen, Pflaster drauf, fertich war die Marie! So ging dat damals.

Schlimmer war paar Meters weita. Da gab et noch sonnen stillgelechten Löschteich. So mit ohne Wasser. Dafür mit ganz viel Glas und Scherben und Dosen und sonnen Scheiss unten auf den Grundboden. Na ja. Auf jeden Fall mussten die kleineren Blagen genau da natürlich spieln tun. Da hasse dann alle zwei Tage dat Tatütata von den Krankenwagen gehört.

Die Krötens hatten sich wieda die Arme, Fingers, Hände, in die schlimmsten Fälle auch die Gesichters und Beine aufgeschnitten, weil se da reingeflogen sind. An schlimmsten warn imma die Schicksen. Die ham geschrien und gequäkt wie dat Schwein von damals bei unsern Oppa, wat damals paarmal vor die Birne gekricht hat bisset endlich tot war.

FUSSBALL PÖLEN UND RACHE MACHEN
(DAMALS)

Für uns Bengels war Fußball natürlich dat Wichtichste an die ganze Draussen-Sache. Wir warn imma so neun, zehn Mann bei Fußball. Und wenn ma alle da warn, dann zwölf, fuffzehn Mann. Meistens hamwa imma hinter die Häusers auf die Bleichens gepölt. Auf wat? fracht ihr jetz. Bleichens! Dat warn die Rasenflächens hinta die Mietshäusers. Da ham die Omas und die Muttis ihre Wäsche hingelecht in die Sonne, damit die trocken wurde. Dat war aba schon lange her. Heute gab et da Wäschestangens für die Wäscheleinen. Und zwei von diese Wäschestangens, dat warn ebend unsre Tore.

Ersma musste aba der Giddel imma den Ball paarmal gegen die Häuserwände treten. Weil dat so schön knallte. So mit Echo und so. Dat konnte der Giddel sich irgendswie nie ganz verkneifen tun.

Bis die alte Oma Teike von bei uns in Haus dat Küchenfenster aufgerissen hat und schrie, dat wir dat doch lassen solln. Sie wär ja schon ne alte Oma und brauch Ruhe. Gut. Dann ebend normal spieln. Wie man so Fußball ebend spieln tut. Zwei Tore und neun Mann. Manchet Marl ebend auch mehr. Also Bengels ebend, keine Schicksen. Klar?

Der Friedhelm, auch einer von die Brüders von die mitte vielen Blagens, falls ich dat noch nich erklärt ham tun sollte, natürlich in sein Übermut bissken zuviel gedribbelt. Den Friedhelm hamwa übrigens immer Fritsche nennen getan. Weil wa ja für allet und alle Sptznamens hattn.

Also. Dann holt der Fritsche richtich aus für sonnen Fernschuss. Der Ball rutscht ihm aba ab und voll in die Küchenfensterscheibe von die Oma Teike von bei uns nebenan. Und weil dat schon so früh Nachmittach war, so kurz nach Mittach, lach die natürlich in ihr Mittagsschläfsken aufe Couch. Gleich neben die Küche in dat kleine Wohnzimmerchen. Wat soll ich da noch sagen? Die is wahrscheinlich von ihre Couch gefalln. Reißt die dat Fenster auf und fängt an zu schwadronieren:

„Wer war dat? Tut jetz ährlich sein, Ihr Blagenpack! Ich hab sowie Zeugens und weiß nachher, wer dat gewesen war!"

Und so weiter und so weiter.

Und bei uns? Von uns war dat natürlich keiner. Wir warn ja mehr Blagens als wie die Oma. Die war alleine. Also ich tu meinen, wir warn in die Überzahl in diese Sache, nich wahr? Und Zeugens oder sowat hatte die Oma nen Scheißendreck, nämich gar keine. Also einstimmich in Chor wie inne Kirche:

„Ich war dat nich!"

Ende mitte Diskussion.

Und wat glaubt ihr, macht die Oma? Die tut uns alle, jeden einzichsten von uns, bei die Polente anzeigen. Viel rausgekommen is dabei natürlich nich. Bis auf dat, dat unsre Alten nachher alle zusammenlegen mussten, um die Oma die scheiss Scheibe zu löhnen. Weil, Versicherungen für son Zeuchs hatte ja damals keiner. Und weil wir Blagens ja damals schon in Banden organisiert warn, sogenannte Straßenbanden, is der Giddel auf die Idee gekommen, dat wir uns für die Anzeige bei die Polente rächen solln. Jau. Wir alle. Als die Bande von unsre Straße. Aba wie? Da hatte der Friedhelm, ebend auch Fritsche genannt, die Idee, dat wir doch einfach ma die Oma bissken erschrecken solln. Gesacht. Gemacht.

Imma donnerstachs sehr früh kam bei uns inne Siedlung die Müllabfuhr. Und damals gab et noch die Mülltonnens aus Blech. So ziemlich festet und schweret Zeuchs. Und wenn die Dinger voll warn, sind die auch selbs an sich noch schwerer gewesen.

Also wat fürne Idee hatte der Friedhelm, auch Fritsche genannt, unser Anführer? Der hatte noch paar von die China-Böllers in Keller liegen. Da tun wir warten bis mittwochs dunkel is und die Mülltonne von Oma von Hof schon vorne anne Strasse stehn tut.

Dann vergraben wir die Böllers in die Mülltonne unter den Abfall, machen ne lange Zündschnur dran und stelln die Tonne dann bei die Oma unter dat Schlafzimmerfenster. Kuckt ja da keiner mehr. Die ham alle die Rollos schon runter und is ja auch dunkel.

Genau so hamwa dat dann gemacht. Die Böllers schön unter den Müll gemischt. Zündschnur gebastelt, so ungefähr fünf Meters und dann brauchten wa nur noch an die Hausecke warten, bis die Oma in Bett geht. Dat konnten wa gut abpassn tun, weil die Oma imma so gegen einundzwanzich Uhr inne Heia geht. Wenn dat Licht kurz in Schlafzimmer angeht und kurz da drauf wieda aus, dann is die Oma in Bett gegangen. Noch paar Minütchen warten, so bisse vielleicht bissken Schnarchen tut schon und dann hat der Friedhelm die Schnur angemacht.

Da könnt ihr euch vorstelln tun, wie dat geknallt hat. Paarmal hintereinander und der ganze scheiß Müll bis aufe Straße vorne geflogen und in den Vorgarten. Dat Licht in die Oma ihr Schlafzimmer ging an und wir schnell aufe andre Seite hinter die Ecke von dat gegenüberliegende Haus. Da konnte uns keiner sehn tun auch. War sonne Art tote Ecke.

Und ihr glaubt mich nich, wat wir gelacht ham, leise natürlich, so mehr in uns reingekichert, wie die Oma bei die Kälte in ihr Nachthemdchen, nur mit sonnen klein Bademantel drüber, auf die Straße gerannt kam und ihrn Müll wieda zusammensammeln musste. Sons hätten die Müllheinis die Tonne ja an andern Tach gar nich ers mitgenommen, nich wahr?

Dat war vielleicht ein Bild für die Götters, wie die dann den ganzen Dreck da von ihre Tonne wieda zusammensammeln musste. Ich hab heute noch Tränen in meine Äuchleins, wenn ich da dran denken tu. Ährlich.

OPPA MÜLLER UND SEINE ÄPPELS (DAMALS)

Der Oppa vonne andre Seite hatte in sein klein Garten zwei so Appelbäume stehn. Die Zweige und damit auch son paar von die Äppels hingen imma über den Zaun rüber bis aufe Strasse. Und wir mussten da jeden Morgen ja vorbei für nache Schule gehn. Logisch, dat wir alle da ab und an ma den einen oder andern Appel geflückt ham und mit inne Schule genommen ham. Oder unterwechs schon gegessen ham. Glaubt ihr nich, wie der Oppa sich da irgendswann ma aufgerecht hat:

„Ihr doofen Kröten. Ihr Diebe! Dat is Diebstahl, is dat! Ich geh nache Polente. Ollet Dreckspack! Mundraub! Asozialet Gesindel!"

Und all sonnen Müll hat der von sich gegeben und wir ham den natürlich imma freundlich angelacht, gegrüßt, so wie sich dat für anständige Bengels gehörn tut und ihm dann ma gesacht, dat die Äppels, die aufe Straße hängen tun, eigentslich nich mehr seine eigenen sein tun.

Dat wollte der aba nich hörn. Dat warn seine Äppels und fertich. Da hat der drauf bestanden in sein Altersschwachsinn oder wie dat heißen tut. Na ja. Auf jeden Fall is der dann tatsächlich auch irgendswann ma bei die Polente gegangen und hat uns alle angezeicht. Wegen Diebstahl und Mundraub !?!?!?

Tja. Kann man nix machen, meinte der Giddel. Doch, meinte der Friedhelm und alle andern Blagens. Kann man. Und wat wir machen konnten, hamwa den Oppa dann nächsten Winter gezeicht.

Da sind wir in dunkeln bei sein kleinet Gartenzäunchen gegangen. Der war so wie son Jägerzaun und ging entlang sein ganzet Grundstück anne Straße bis an sein Häusken, wo der drin wohnen tat. Auch son halbet Zechenhäusken von Pütt. So Doppelhaus. Kennt ihr sicher.

Zack-Zack! Alle Zaunlatten abgerissen. Schön eine nach die andre und schön nebeneinander an die Straße gelecht. Jau. Da hättet ihr ma sehn solln, wat da an andern Tach los war.

Aba eigentslich hamwa ja ne gute Tat getan. Denn der Jägerzaun war sowieso marode und der Oppa hatte jetz in kalten Winter sein eigenet Brennholz. Und wat ja ganz wichtich war: Wir tun ihn ja auch Arbeit abgenommen ham. Denn die Lattens, die hätte er später oder früher sowieso neu machen müssen. Und bevor die von alleine abfalln und eine Hinderlichkeit aufen Gehweg sind............?

Der Oppa hat uns nie mehr gegrüßt. Der ahnte wohl, wer ihm dat angetan hat. Aber der hat nix mehr gesacht. Auch nich wegen die Äppels. Jau. Der war sozusagen „satt" von uns.

Und wir ihn imma schön weita gegrüßt, wenn er ma draussen war. Gehört sich ja so für anständige Bengels wie wir ja warn. Oder?

Dat warn schon dolle Zeiten. Damals.

FUSSPEDAL (HEUTE)

Vor paar Tage war ich bei mein Kumpel Mac eingeladen. Eigentslich heißt der Alex. Aba egal. Tun wir ihm weita einfach Mac nennen tun.

Wenn ich bei den Mac fahrn tu, dann park ich meine Proletenkarre imma paar Strassens weita. Weil - der Mac tut in eine ganz feine Wohngegend leben. So mit Villas und sowat allet. Nich so Villas wie aus 1860 oder so. Neee. Richtich tofte villen-ähnliche Bauten so in Bungalowstil. Aba villenmä-ßich ebend. Und allet in sonne kleine, feine Straße gelegen. Bissken abseits von die Hauptstrasse.

Und damit die Nachbarn von den Mac nich so böse Gedanken kriegen solln, wenn ich da meine gum-mibereifte Kasperlebude vor den Mac sein Haus stelln tu, so nach den Motto:

„Wat hat der jetz wieda für Ungeziefer da auf Be-such?"

Da park ich lieba paar Strässkes weita und geh dann die paar hundert Meters per pedes Aposto-lum wieda zurück nach dat Haus.

Wennze reinkomms bei den Mac is also allet vom Feinsten. So großet Wohnzimmer in drei Abteile, aba zusammen ebend alles. In eine Ecke hat der, weil der auch wie ich Musiker is, ein großen, alten Flügel stehn. Da tut et mich manchmal richtich in die Fingers jucken und ich möchte gerne in die Tasten kloppen. Aber der Mac sacht dann imma:

„Nee, Freddy, lass ma sein. Dat mach ich schon!"

Und dann tut der sich da ma ebend an den Flügel setzen und haut dich da die Fuge in F-Dur von den Johnny Sebastian Bach runter, mein lieber Mann, da treten dich die Tränen in die blauen Äuchleins.

Da muss ich natürlich bei sagen, dat der Mac klassische Musik studiert hat. Dat is natürlich in Gegensatz zu mich ganz wat anderet, nich wahr? Ich hatte ja nur Einzelunterricht bei mein alten Musiklehrer damals. Und der Mac, der war ja schließlich auf Konservatorium – oder wie dat auch imma heißen tut. Der is andre Ware, der Mac. Der hat auch eigenet kleinet Studio in sein Keller. Wenn ich da die Treppe runtergeh, krich ich richtich Angst manchet Mal. Weil, is bissken dunkel. Aber der Mac is ja bei mich. Also is allet gut. Ja und dann hat mich der Mac von ein Gig erzählt, den er damals ma irgendswann zusammen mit seine Band hatte.

Der hatte nämich auch ne Band, so wie ich ja auch damals in die sechziger und siebziger Jahre. Nur dat ihm seine Band damals als beste Nachwuchsband in Deutschland ausgezeichnet worden is und wir ja nur den Schlagerfuzzi vorweisen konnten. Also ich will damit sagen, dat zwischen uns schon irgendswie paar Weltens warn, vonne musikalische Ausbildung gesehn, mein ich. Sonne Art Kluft, könnte man auch sagen tun.

Und einet, dat muss ich unbedingt sagen: Allet nette Leute, der Mac und seine Frau und sein Papa.

Krichse imma sofort Kaffee, Fluppen, allet da. Tolle nette Leute ebend. Pinkeln darfse bei die auch, wennze ma müssen tus. Also da muß ich auch sagen, da ham die keine Berührungsängste mit mich oder so.

Jau und jetz erzählt mich der Mac von ein Auftritt in die Ruhrlandhalle in Bochum von ? Ich weißet nich mehr. Tschuldigung. Hab ich vergessen.

Na ja. Auf jeden Fall hattn die da in diese große und auch bekannte Halle hier in Ruhrpott einen großen Auftritt. Der Mac kann ja nich nur Flügel, der spielt auch Orgel, Gitarre, Bass und Schlachzeuch. Gitarre wohl nich so gerne, hat er mich ma verraten. Na egal.

Auf jeden Fall war der Schlachzeuger von die Band, also von die Band von den Mac, bevor der Auftritt war, sowat von besoffen, dat der nich mehr spieln konnte. Und weil der Mac sowieso nur die

Tasten drücken sollte, ham die sich einfach ma ebend umorientiert und dat Keyboard ausgelassn und der Mac hat sich hinta die Schießbude gesetzt und ebend Schlachzeuch gespielt.

Weil der dat ebend kann. So ungefähr mittendrin so, da is ihm die Feder von die Fußmaschine gebrochen und der Mac konnte die Bass-Drum nich mehr bedienen tun.

Also hatter mittendrin ma ebend den besoffenen Schlachzeuger, der hinter ihm hinter den Vorhang saß, gewunken und ihn gesacht, dat der sich ma ebend auf die Erde legen soll, so hinter die Bass-Drum, damit man ihn nich sofort sehn tut, und der soll dann auf seinen Takt, also auf den Takt von den Mac von die Snaredrum, dann die Fußmaschine, also dat Pedal, betätigen.

Ja und ihr glaubtet oder nich. Dat hat der in sein besoffenen Kopp doch tatsächlich noch so einigermaßen hingekricht. Soll man nich glauben, war aba wahr. Hat der Mac mich geschworn.

Jetz hab ich mich dat ma so bildlich vorgestellt und musste mir bald bepinkeln vor Lachen. Stellt euch dat ma vor: Der besoffene, eigentsliche Schlachzeuger, der liecht längs hinter die Bass-Drum von den Mac und der Mac tut ihm mit die Snare, also mit den Schlach auf die Snare, dat Zeichen geben

tun, dat der unten dann mitte Hand dat Pedal run-
terdrücken tut. Und zwar kräftich. So richtich mit
Schmackes. Is dat nich köstlich? Ich hab mir halb
totgelacht. Ährlich!

DEN BEETHOVEN SEIN SCHILLER (HEUTE)

Manchet mal tu ich ein Nostalgiker sein. Aba dat tut ihr ja schon weita vorher festgestellt ham auch.

Die Tage kommt unser Claudia mit ihrn afghanischen Gastmusiker bei uns auf Besuch. Der tut eigenstlich ein netten Junge sein. So groß und zurückhaltend bissken. Aber kann die deutsche Sprache in Wort und Bild wie man so sagen tut. Und weil der bei ein Philharmonie-Orchester beruflich Musik machen tut, is der natürlich auf meine Ebene, wenn nich sogar bissken besser.

Der spielt die Blasdingers da. So Saxofon und Oboe, kann aba auch wohl Querflöte. Also allet ebend, wat irgendswie mit Blasen zu tun hat. Gehört hab ich den noch nich. Spielt aba keine Geige, ich muss dat Jung ja auch ersma kennenlernen, nich wahr? Wie ich aba hörn tat, is der wohl ein toller Bläser vor den Herrn.

Also kam auch ein Gespräch mit den in Gang.

Seine Frage an mir:

„Du has ja auch Musik gemacht. Ich mein so früher so? Wat hasse denn gemacht?"

Dann hab ich ihm dat erklärt, wie dat allet angefangen ham tut und wie dat dann weitergegangen is und so mit meine Beatband und so allet.

Und der tut eigentslich ganz interessiert gekuckt ham, der Bengel. Na ja, hab ich so für mir gedacht. Scheint ja ein ausgeschlafenet Bürschlein zu sein. Da will ich ma in die Nostalgie-Ecke gehn und ihm ma paar Fragens stelln oder besser gesacht, ma ein Monoloch anfangen tun.

„Sach ma", fang ich so an. „Ihr tut ja da in euern Orchester viel klassische Musik verbraten, oder?"

„Ja", meint der und is ganz gespannt, wat jetzt kommen tut.

„Jau", sach ich dann so. „Wennze heute ein Kid fragen tus, wat vor fast fuffzich Jahre, nämich so 1970 rum, also in meine Sturm- und Drangzeit, für ein spanischen Sänger ein Welthit hatte, den der auch noch auf englisch gesungen hat, dann krichse wahrscheinlich tausend verschiedene Antwortens, oder?"

„Ja", meint der, bissken verschreckt. Weil, da war der noch gar nich aufe Welt gewesen. Ich tu mich ein Grinsen.

„Und wennze heute ein Kid fragen tus wat bissken musikalisch orientiert sein tut, wat denn in 4. Satz von die 9. Sinfonie von den Ludwich van Beethoven vertont wurde, da krichse doch wahrscheinlich nur die Antwort ‚dat war die Unvollendete' oder irgend sowat.

„Ja", meint der Perser. „Wahrscheinlich kommt da nich mehr. Dat die 9. unvollendet geblieben is, dat wissen die vielleicht noch, aber wat da vertont worden is, dat wissen die wenichsten!"

„Ja und?", tu ich nachfragen. „Tus du dat denn wissen tun?"

Den Jüngelchen wird kleins wenich ungemütlich zumute. Dat tu ich gerade merken tun, lass mir aba nich aufhalten in den Quiz. Auch wenn unser Claudia mir schon blöd vonne Seite ankucken tut. Egal. Jetzt war der dran.

„Nee", antwortet mich das Jüngelchen. „So eigentlich weiß ich dat nich."

„Dann tu ich dich als ehemaligen Beatband-Musiker, der sich auch mit andre Musiken beschäfticht ham tut, hier mal aufklärn, ja?"

Der Afghane tut nicken und ich tu weiter monologisieren:

„Der Fritz Schiller, der hat 1785 in ein Gedichtchen von ihn eine Nachricht übermittelt. Da tut et um

Menschlichkeit gehn. Um Fürsorge gegenüber seine Nächsten und all sonnen Kram. Dat Ding hieß damals und auch heute Ode ‚An Die Freude‘, wenn du verstehn tus, wat ich damit sagen will."

Der nickte nur bissken zurückhaltend jetz, war aba weita aufmerksam.

„So. Und der Ludwig, der hat dat Ding dann fast fuffzich Jahre später in diesen 4. Satz von seine 9. Sinfonie verbraten. Kannze mich folgen?", frach ich den persischen Musiker.

Der nickt ganz brav und meine Mary und meine Claudia stoßen sich gegenseitich so feste an den Arm von den andern, dat et mich auch noch treffen tut. Aba da tu ich mir jetz nich beirren lassen und geh weita in den Text:

„Und jetz hab ich dich ja gesacht, dat ich manchet mal eine nostalgische Erinnerung generieren tu. Nich oft. Aba manchmal ebend, ne? Hab ich ja gesacht, oder?"

Der Gastarbeiter nickt, die Mary nickt, die Claudia nickt. Die tun alle so mit ihre Köppe nicken tun, dat ich mich nich verkneifen konnte, mitzunicken.

„Also. Diese Ode ‚An die Freude‘. Die tut ihr doch bestimmt auch schon paarmal gespielt ham auf eure Konzerte, oder nich?"

Wieder kollektivet Nicken. Ers der persische Lüm-
mel, dann die Mary, dann die Claudia und dann ich
auch.

„Wat ich damit sagen will is, dat diese weltbe-
kannte Ode ‚An die Freude' ja imma noch ein Hit
is. Überall aufe Welt. Die tun die imma spieln. Manchet mal so. Andersmal ebend bissken anders.
Und jetz tu ich zu den Kern von die ganze Sache
kommen tun von wegen die Nostalgie.

Vor fast genau fuffzich Jahre hatte dieser spani-
sche Sänger, Miguel Rios hat der geheißen, so tu
ich noch wissen zu meinen, mit sein Lied ‚Song Of
Joy' den besachten Welthit gelandet, der auch
heute noch gespielt werden tut. Und? Wat is dat?",
will ich von dat Jüngsken wissen.

„Ah soooo", meint der. „Du tus dat meinen. Ja, dat
is ja dat ‚An die Freude'. Nur mit bissken andern
Text und auf Englisch!"

Jau. Da hat dat Jüngelchen mir aba ganz schön
geflasht, täte man jetz auf Neudeutsch sagen tun.
Der wusste dat tatsächlich. Da hab ich ihm meine
Hand gegeben und ihm gratuliert, dat der dat wissen tat.

Frach ma heute nen andern Bengel, ob der dat irgendswie in Zusammenhang mit den Fritz Schiller
oder mit den Ludwich van Beethoven bringen tut.

Ich wette ma, dat dat schwierich werden tut, da einen zu finden, der dat richtich beantworten tut.

Und damit hatte der afghanische Musiker, der Boyfriend von unser Ältste, ersma meine Achtung irgendswie verdient. Chapeau! Oder wie dat heißen tut. Hab ich sofort für die Mary gesacht:

„Mach den Jung ma nen Kaffee!"

Ja. So is dat manchet Mal, wenn ich nostalgisch werden tu. So mitte Musik.

Aber oft auch mitte Weibers. Oder besser: Mitte Schicksen. Weibers wollten die ja damals, so Ende von die sechziger, Anfang von die siebziger Jahre, ja alle ers ma werden tun. Paar ham dat sogar geschafft. Paar andere wohl eher nich. Oder nur teils. Aba bei die Bengels war dat ja ich anders. Von die sind auch paar aufe Strecke geblieben.

HUGO, DER DICHTER (HEUTE)

Ich hab euch ja schon vorher ma von den Hugo wat erzählt. Dat is ja ein Freund von mich, der nich nur mit neunzehn Jahre schon Metzgersmeister war. Der tut auch heute noch in Rente fleißich seine Frau bissken helfen tun.

Und ab und an tut der auch texten. So Lieders und sowat allet. Leider hat der noch kein gefunden, der dat auch vertonen tun will. Dat is eigentslich deswegen schade weil, der hat wirklich wat drauf, der Hugo.

Und um euch dat ma zu beweisen, hat mich der Hugo erlaubt, einen von seine neusten Gedichte, die man aba auch vertonen könnte, hier aufzuschreiben.

Dat Ding tut ‚Nutze Die Zeit' heißen und geht so:

NUTZE DIE ZEIT*

Sich im Alter zu verlieben, ist oft schöner als
so jung.
Man genießt viel intensiver und es fehlt auch
nicht an Schwung.

Werden die Haare auch leicht Silber und
zeichnen Falten dein Gesicht,
sei nicht traurig – lächle drüber, ist doch nur
die obere Schicht.

Nutz die Zeit die dir gegeben, denn die Uhr
hältst du nicht auf.
Mach das Beste aus deinem Leben und nimm
auch Rückschläge in Kauf.

Sei ein Mann auf ganzer Linie, den man nicht
so schnell vergisst.
Werden die Haare auch leicht Silber und
zeichnen Falten dein Gesicht.

Na? Is dat wat? Der kann noch mehr, der Hugo. Dat tut ihr mich glauben müssen. Der hat vor paar Monate noch ein Songtext geschrieben, der genau in die heutige Zeit passen tut. Den tu ich aber hier nich wiedergeben. Vielleicht ma später oder so.

Falls einer von euch Interesse ham tut, dat Ding irgendswie zu verwenden, dann müsst ihr euch aba an mir wenden tun. Oder an den Schreiberling, der dieset Büchsken hier mit meine Hilfe veröffentlichen tut. Der hat die nötige Verbindung nach den Hugo. Ich natürlich auch. Aber is besser über die E-Mail-Adresse, die ihr in den Anhang von dieset Büchlein finden tut. Also: Tut eure Gefühle kein Zwang an. (Sacht man dat so??)

DIÄT (HEUTE)

Vor paar Wochens fing meine Mary zusammen mit unser Marie sonne Diät an. Musse inne Apotheke da sonne Büchse kaufen mit irgends sonnet Pulver. Angeblich is da Algen drin und noch wat Undefinierbaret. Ich tu ja von solche chemischen Dingers gar nix halten tun. Aber wenn die dat versuchen wolln, dann sollnse einfach ma machen.

Also dat Pülverchen is in so Döskes und dat Pulver sollsse dann in klar Wasser anrührn.

Son Dösken tut allerdings auch 25 Ocken kosten und reicht für eine Person nur für eine Woche. Is also nich billich, soll aba angeblich wirken tun. Wat ich persönlich nich glauben tu. Aba dat is jetz egal. Lass die ma machen, hab ich so bei mich gedacht.

Dat Pülverchen tusse also in kaltet Wasser anrührn tun, dann musse dat in einen Zuch trinken und in Magen ist dat dann wie so Bauschaum.

Kennt ihr ja. Wenn ihr den Bauschaum aus die Tube drücken tut, dann musse sofort mit den Mist die richtige Stelle treffen tun, weil dat ja sofort hart werden tut.

Und so ähnlich tut dies Algenzeuchs auch wirken tun. So, datte angeblich gar kein Hunger mehr ham tus.

Aba, und jetzt kommt dat Aba: Dat Zeuchs tut ja nich die Nerven in den Gehirn ausschalten, die die Signale aussenden tun, dat du kein Hunger mehr ham tus. Du hass ja von den Zeuchs nur ersma den Bauch voll. Also mehr son Völlegefühl. Wie, wennze zu viel Sülze gegessen has. Dat geht aba nach paar Stündchen wieda vorbei, nich wahr?

Na, wat soll ich euch hier erzähln? Die ham dat tatsächlich paar Wochens durchgehalten mit diesen Scheiss und dabei imma noch viel Wasser getrunken. Weil, wie wir ja alle wissen tun, tut viel Wasser trinken ja auch irgendswie satt machen. So soll wahrscheinlich die Einnahme von dat verrührte Pülverchen noch bissken verstärkt werden.

Na ja. Heute is dat so, dat die tatsächlich wat abgenommen ham. Die Mary so ungefähr 500 g und die Marie so ungefähr 800 g. Nach sechs Wochen. Dat sind natürlich Ergebnisse, dachte ich so bei mich, hab aba nix gesacht.

Weil, wenn ich da anfangen tu, dann tu ich gar nich mehr aufhörn. Und ich tu ja ein friedliebender Mann sein. Also bloß kein Ärger raufbeschwörn tun.

Nur rechnen, dat kann ich noch. Und dat Ergebnis is ungefähr, als wennze so diese 300 Ocken, soviel hat dat ja insgesamt gekostet, eine hinduistische Wahrsagerin gegeben hättes, die dich die Zukunft voraussagen tut. Aba ebend nur für die nächsten sechs Wochens.

Datte nämich vielleicht in die nächsten sechs Wochens wat abnehmen tus, wennze viel Wasser trinken tus. Vielleicht tusse aba auch nix abnehmen. Weilze zu wenich Wasser gesoffn has. Dat wär dann auf Nachfrage die Antwort wahrscheinlich von diese Wahrsagerin:

„Hasse wat falsch gemacht!"

Oder:

„Hasse dir nich an die Beschreibung gehalten!"

Oder:

„Hasse die falschen Gene!"

Oder wat auch imma. Und wieda hab ich so insgeheim bisschen Recht gehabt mit meine Vermutung, dat dat ganze Zeuchs nix taugen tut. Deswegen sind die ja auch mit Aussagen von die Herstellers und/oder die Vertreibers auf ihre Verpackung imma so vorsichtich:

„Sie können………wenn Sie………Sie sollten sich aber………!"

und so weiter und so fort.

Also: Meine Erkenntnis aus dieset Experiment is natürlich: Fingers wech von solche Dingers.

Willze wat an Gewicht abnehmen tun, tu dich bewegen tun und fress nich alles in dir rein.

Fertich.

NEULICH BEI DIE SPALETTIS (HEUTE)

Bei uns gegenüber tun so Reiheneigenheime stehn. Da sind imma so drei Eingänge für drei Reihenhäusers. Imma schön die Häuskes nebeneinander gebaut. Vorne schmal, nach hinten hin lang. Kleinet Gärtken hintendran. Eigentslich winzich.

Aber dat is so bei die Grundstückspreise. Allet an Grundfläche muss irgendswie ausgenutzt werden. Da ham die Bauträgers und die Architekten manchet Mal ganze Arbeit geleistet.

Vor allen bei die Dingers ohne Keller, nur mit Grundplatte. Da tun sich die Nachbarn in so kleine, schmale Dingers manchet Mal gegenseitich in die Fensters kucken und können sich noch die Hand geben tun auch.

Oder du tus die Pupse von dein Nachbar sofort riechen. So in Sommer. Wenn alle die Fensters offen ham. Oder du tus die Oma Elvira von nebenan schnarchen hörn. So laut und lange, als wennse den ganzen Schwarzwald abholzen tun will.

Na ja. Wenn die Kohle ebend nich reichen tut oder anderwärts gespart werden soll, dann is dat natürlich die Lösung. So lang und schmal. Wenn auch nich die optimale. Geht mir ja auch nix an.

Also inne Mitte von diese drei Reihenhäusers, da wohnen die Spalettis. Liebe italienische Einwandererfamilie, die hier in Ort ein kleinet Eiscafé betreiben tun. Allet noch Handarbeit. Richtich italienisch ebend. Wenn ihr wissen tut, wat ich meinen tu. Die kamen wohl schon in die sechziger Jahre als Gastarbeiters nach hier und ham sich dann fortgepflanzt. Ich will damit sagen tun, dat die allet Deutsche sprechen können und Lesen und Schreiben können die auch in Deutsch. Sind eigentslich Deutsche.

Einmal in Jahr tun die nach Italien für drei Monate in Urlaub fahrn, wennse die Eisbude zu ham. Wegen Winter und sowat.

Na ja. Wie auch imma. Auf jeden Fall sind die Spalettis ma wieder in Italy und rechts neben die Spalettis, die Kochs, auch. Die sind schon alte Leute und fahrn in dieselbe Zeit wie die Spalettis für mindestens zwei Monate auf Mallorca. Die ham da sonne Seniorenwohnung. Tun die auch jedet Jahr. Jedet Jahr für die gleiche Zeit.

Jetz is dat wohl so, dat einer von die Söhne von die Spalettis imma den Schlüssel für die Bude von die alten Spalettis ham tut. Für Notfälle und sowat allet. Und die ältste Tochter von die Kochs, die wohnt

aba inne andre Stadt, so ungefähr halbe Auto-
stunde von uns wech, hat auch nen Schlüssel für
die Bude von die Kochs. Für Notfälle ebend.

Bei die Spalettis war in Winter ein kleiner Sturm-
schaden an dat Häusken, wat die Rückseite von
den ihr Dach betraf. Da warn paar so Ziegels wohl
wechgeflogen und einer davon hat auch die Dach-
rinne getroffen. Dat wurde dann nach den Wind
son bissken notdürftig repariert und jetz sollten
ebend die Dachdeckers kommen und allet wieder
in Ordnung bringen.

Weil die Spalettis in Urlaub warn, hat der Sohn von
die Spalettis den Schlüssel bei die andern Nachbarn, bei die Roppenkovskis, abgegeben. Falls ma
einer vonne Dachdeckers da inne Bude bei die
Spalettis mussten, sollte der olle Roppenkovski
aufschließn tun. Und für – jau, wieder für die bekannten Notfälle – hatte der Sohn von die Spalettis
den Roppenkovski auch seine Handynummer gegeben. Falls ma wat sein sollte.......!

Die Dachdeckers kamen also pünktlich an den
Tach, luden ihr Zeuchs von ihre Karre und schlepp-
ten allet hinter dat Haus in den Hof. Nach eineinhalb Stunden, als allet verstaut war hinter dat
Haus, machten die ersma Frühstück. Bei die Trink-
halle paar Häusers weiter bei uns holten die sich
Brötkes und bei den Netto Stücksken weiter holten

die sich Fleischwurst. Dann fingen die ersma an zu spachteln.

Langsam wurde mich dat langweilig, die zuzukucken und sehn konnte ich ja sowieso nix von dat, wat da hinter den Haus passierte.

Also bin ich mit meine Maria ersma Einkaufen gefahrn. Als wir nach zwei oder drei Stunden zurück warn, da stand gegenüber die Polente, die Feuerwehr, dat Auto von den Spalettis ihren Sohn und alle Nachbarn.

Und weil ich manchet Mal, aba wirklich nich imma, bissken neugierich war, hab ich die Maria gesacht, dat die schomma alleine die Klamotten, die wir eingekauft ham, in die Bude bringen soll. Machte die dann auch und kam dann bei mich für auch zu kucken.

Ich in meine Neugier aba inzwischen schon drüben bei die andern Nachbarn gegangen. Ich wollte ja wissen, wattet da zu glotzen gibt und mit die Polente und so allet.

Tja. Wat soll ich euch sagen? Die schlauen Dachpfannenverlegers ham nich bei die Spalettis angefangen dat Dach teilweise abzudecken, sondern nebenan bei die Kochs. Und bis der alte Roppenkovski dat überhaupt mitgekricht hat, war dat Kind schon innen Brunnen gestürzt. Der Roppenkovski natürlich sofort den Sohn von die Spalettis angerufen und Bescheid gesacht, wat da passiert war. Der war jetzt da und hat sich aufgerecht wie sonnen richtigen italienischen Pizzabäcker, den die Margherita in sein Ofen verbrannt is. Also da tat man schon noch die italienischen Wurzeln erkennen tun. Dieset Feuer in den seine Augen. Dieset Unbeherrschte. Dieset Gestikulieren mit seine dünnen Ärmkes und so.

Die Polente hatte inzwischen auch die Tochter von die Kochs erreicht. Die war wohl aufen Wech nach hier.

Na. Da könnt ihr euch ja schon vorstelln, wat da den ganzen Tach abging. Als die Polente und die Feuerbrigade wieder abgezogen war, weil, für die gab et ja weiter nix zu tun, kam dann die Tochter von die Kochs angerauscht.

Jessus. Die hat vielleicht nen Aufstand gemacht. Könnt ihr euch überhaupts nich vorstelln tun. Die ging ab wie Schmitz` Katze, wenn ihr wissen tut, wat ich mein.

Und als den Spaletti sein Sohn auch noch gefracht hat, ob die Kochs ihreTochter nich ihre Eltern anrufen wollte, weil se denen dat erzähln soll……ja, da is bei die die Sicherung durchgebrannt:

„Sind sie verrückt geworden? Wollen Sie, dat meine Alten nen Herzinfarkt in ihr Urlaub kriegen? Dat sind schon alte Leute. Die darf man nich mehr aufregen!"

Und so weiter und so fort. Köstlich, kann ich euch sagen.

Ers paar Stunden später hat sich die Situation bissken wat entspannt und die Dachdeckers ham sich verzogen. Die Spalettis ihrn Sohn sachte später für meine Maria, dat die sich irgendswie geeinicht ham und die nächsten zwei Tage allet in Ordnung bringen wollten.

Ham die dann auch irgendswie. Aba so ein Zirkus! Hasse selten hier in unsre kleine Siedlung. Aba war ja ma wat anderet. Und den alten Roppenkovski, den kannze auch nich böse sein. Der kricht sowieso fast nix mehr mit. Dat war aba früher schon so bei den. Der kam auch irgendswo aus Posemuckel. So JwD. ‚Janz weit Draußen'!

Und alle aufen Zaun hatte der sowieso nich. Der hatte damals, ich tu glauben, dat der da schon achtzich Jahre war, sonnen großen Bernhardiner. Kennt ihr ja. Dat is der Hund mit den Fass um sein Hals, wat der da imma mit rumschleppen muss.

Jetz musse wissen, dat der Roppenkovski vielleicht so ungefähr sechzich Kilo wiecht. Und fast so schwer tut wohl auch der Hund gewesen sein. Da is nich der Roppenkovski mit den Hund spaziern gegangen, sondern der Bernhardiner mit den ollen Roppenkovski. Der hat den manchet Mal quer über die Straße bei uns geschleift. Und der olle Roppenkovski, der konnte sich gar nich wehren gegen die Kraft von den Hund. Dat Bild, dat müsst ihr euch ma aufe Zunge zergehn lassen.

Wie der Hund nachher älter war, da hat der den abgegeben, weil der dat Tempo von den nich mehr mithalten konnte. Jetz hat der olle Roppenkovski ne Katze. Sonnen Stubentiger ebend.

Er meinte irgendswann ma für mich, dat er sich da nich für drum kümmern muss. Dat täte jetz seine Alte machen tun. Er tut jetz lieber aufe Couch liegen und Nachmittagsprogramm in Fernseh ankucken tun. Is weniger Stress als wie mit den Hund, meinte der.

Und wat der manchet Mal für Meinungen hatte! So für Politik und sowat. Na ja. Den kannze ja nich böse sein. Der hat sowieso nich nur nich alle Latten an Zaun, der tut zusätzlich noch paar Schräubkes locker ham. Da, so in seine Birne. Der hat sozusagen ein Riss inne Schüssel, wenn ihr versteht, war ich meinen tu.

SILBERMARIE (HEUTE)

Kommt die Tage unser Marie innet Haus. Ich kuck ihr so an. Ich kuck nochma. Ich denk ersma, ich kuck nich richtich. Da hattese son Ring inne Nase. Ers hab ich gedacht, dat ihr die Rotze da hängen tut. Aba dann hab ich mich überlecht, dat dat ja gar nich sein kann. Weil, die is ja auch schon nich mehr in dat sogenannte Rotzlöffelalter.

Ich sach für ihr:

„Sach ma. Wat is passiert? Tut dich dein Lebensabschnittsgefährte jetz damit an dat Bett anketten? So nachts? Wenn allet dunkel is? Damit du nich aussen Bett falln tus oder so?"

„Nee!" meint die so. „Dat is jetz Mode so mit bissken Geklimper in Gesicht und so. Und nen Tättuu hab ich auch!"

Schiebt den rechten Ärmel von ihrn Pullover hoch und zeicht uns ganz stolz eine Gravur. So, wie wenn da einer mit ein blauen Kugelschreiber oder Federhalter wat geschrieben hätte.

„Und wat soll dat jetz sein?", wollte ich wissen.

„Na Papa", sacht die für mich. „Tus du dat denn nich erkennen? Dat is doch unser Yogi. Der Kopp von unsern Hund!"

Ich tat mich dat nochma ankucken und bin ganz nah dran. Mit bissken Fantasie konnte ich mich jetz so ungefähr vorstelln, dat dat die Rübe von den Mischlingsrüde Yogi war. Aba nur mit bissken viel Fantasie.

„Und?", wollte ich wissen. „Bleibt dat jetz so, oder kann man dat auch wieder wechwaschen?"

„Nee", meint die schon fast beleidigt. „Dat tut so bleiben jetz. Für imma. Und ich tu mich schon mit den Gedanken tragen, noch son Ding für unsern Hansi auf den linken Arm zu machen."

Unser Hansi. Dat war unsern Wellensittich. Diese Tiere ham aba nur eine wesentlich kürzere Halbwertzeit als wie ein Hund. Da kannze dich besser nen Karnickel eingraviern lassen.

Hasse länger wat von. Dat war so meine Überlegung, die ich ihr dann auch kundtat.

„Mensch Papa", kam et von ihr. „Dat is jetz so und bleibt auch so. Dat ist imma bei mich. Auch wenn der Yogi und der Hansi nich mehr sind. Da tu ich imma die Erinnerung ham an die beiden Lieblinge!"

Koppschüttel! war bei mich angesacht.

„Nu lass dat Mädel doch", meinte meine Else. „Dat ham die doch heute alle. Die Blagens. Dat is die Mode. Die tun damit ihre Einstellung auch nach außen tragen tun und so!"

Koppschüttel! bei mich wieder.

„Ja. Dat stimmt", meint Marie. „Und weisse Papa. Dat Ding kann ich ja auch imma wieder wechtun lassen, wenn mich dat nich mehr gefalln tut oder so!"

„Wie? Ers willze dat für imma ham und jetz erzählze schon von wechmachen? Ja sicher tusse dat wechmachen lassn. Spätestens dann, wenn dich allet entzündet is von den Drecksmetall und du da sonne blutige Vergiftung hass", sach ich so. „Dann tunse dich aba wohl gleich die ganze Nase wechnehmen, weil allet entzündet und vereitert is und beide Ärmkes, weil da allet an Faulen anfangen tut!"

„Nu tu ma nich den Deibel anne Wand malen", meint meine Else. „Dat is nu ma so. Wenn et dat damals in unsre Zeit gegeben hätte, dann hätten wa dat doch auch vielleicht gemacht. Oder meinze nich?"

„Nee. Eher wohl nich. Wenn die andern Kröten da-mals in die siebziger Jahre und vielleicht auch noch in die achtziger Jahre mit ihren scheiss Schmuck rumgerannt sind, so Ringe und Halsbän-ders und sonnen Scheiss, da hab ich mir imma zu-rückgehalten. Höchstens ma bei die Auftritte von die Band und so. Ja. Da hamwa alle uns irgends-wat einfalln lassen, um bissken nen Hinkucker zu ham. Aber sons…….? Neee. Eher wohl nich. Und vor allen musse bedenken, dat ich nich zu die Sorte von Mensch gehört hab und auch heute nich gehörn tu, die allen Scheissdreck mitmachen tun. Da tu ich schon diversifiziern tun auch. Dat müss-test du aba grade auch wissen tun, oder nich?", kuckte ich meine Else an.

Die nickte dieset Mal Gott sei Dank! zustimmend.

Na also! Geht doch. Dachte ich so bei mich. Dann kam sofort der nächste Knaller. Die Marie hatte so Söckchens an. So Sportdingers, die man in die Sniekers gut tragen kann, damit man sich keine Blasen in diese teuren Kunststoffdingers holn tut.

Stellt die Marie ihre rechte Porreepiepe (dünnet Beinchen) aufen Sitz von den Küchenstuhl, rollt dat Söcksken an Bein bissken runter. Und siehe da: Nochen Tättuu. Ein Stern. Nebenan so kleine Streifens.

„Ja und wat soll dat jetzt sein?", wollte ich erstaunt wissen tun.

„Der Stern, dat is für Amerika und die Streifens dahinter auch. Alle Sterne und alle Streifens hätten da ja nich hingepasst. Deswegen hab ich dat nur andeuten lassen, damit tu ich dann auch meine Affinität für die Vereinichten Staaten nach außen tragen", sacht die allen Ernstes.

Hört ma! Da musste ich mir leider umdrehn und fluchtartich die Küche verlassen. Hat nich viel dran gefehlt, hätte ich nen sogenannten Schreikrampf gekricht. Ährlich!

Aba wat soll ich dazu noch groß sagen? Die Gören und auch unser Kröte, die machen sowieso, wat die wolln. Sind ja alt genuch, nich wahr? Aber dat is wohl wahr, dat, wat meine Maria mich vorhin da gesacht hat. Wer weiß, wat wir heute allet machen täten. Also damals.

So allet gab et ja in unsre Kindheit und Jugend gar nich. Höchstens ma son Abziehbildchen vonne Brause oder von Kaugummi oder so. Die ham aba sowieso nich lange gehalten.

Oder spätestens abends, wennze nach Hause gekommen bis, hat dich dein Alten dat ma ebend sofort entfernen lassen. Na ja. Et is müßich, sich darüber weiter auslassn zu tun.

BUNDESLIGA (HEUTE)

Vor paar Monate hab ich so Freikartens gekricht für irgend son Fussballtheater. Hat mich mein Nachbar Willi gegeben. Nur so. Ohne wat. Gut, dachte ich so bei mich. Tusse da einfach ma hinfahrn tun auch. Dat war son Bundeligading. Der Letzte gegen den Vorletzten oder sowat. Sonne Art Abstiechskampf vor dat Ende von die Säsong. Gesacht, gemacht. Ich also dahin. Zusammen mit den Willi.

„Willi", sach ich so zu für mein Nachbar. „Wenn du mir einladen tus, dann musse auch fahrn tun!"

„Dat is kein Problem. Dat machen wir schon so", sacht der für mich. Ich mir also in den seine kleine japanische Reisschüssel reingequetscht und ab ging in dat Nachbarstädtchen, wo dat da stattfinden tut.

Später aufen Platz steh ich da so mit mein Bier inne Hand zwischen die Zuschauers, laufen da die Spielers auf dat Feld. Ich dachte, ich tu meine intelligenten Äuchleins nich trauen. Die Hälfte von die Spielers warn Schwatte. Wie inne internationale Ligen schon. Boah ey. Dat kann ja wohl nich wahr sein. Jetz tun die hier in die Bundesliga auch schon in die ausländische Fraktion investiern. Dat musse dich ma aufe Zunge zergehn lassen. Da tu ich mir schon fragen, wo die die Kohle wech ham für so Bingo-Bongos.

Oder warn dat vielleicht gar keine? Ich muss ährlich sagen, dat ich mir mitte Fußballsache so nich viel auskennen tu. Aba wie die angefangen ham zu spieln, da hab ich mir gleich von die Menge und den Jubel mitreißen lassen.

Ich wusste bloß nich, für wen ich eigentslich da rumgeschrien hab. Da hab ich mir lieber an mein Nachbar Willi bissken orientiert. Wenn der schrie oder klatschte, dann hab ich ebend auch so getan, als wenn ich für die Gemeinten klatschen und schrein tu.

Inne Pause, wieviel dat da gestanden hatte, dat weiß ich gar nich mehr und war mich auch uninteressant, hab ich den Willi dann ne Bratwurst ausgegeben und auch nochen Bier. So als Wiedergutmachung für die Karte auf lau. Irgendswat musse ja machen als anständigen Kerl, nich wahr?

Nach den Pausenpfiff ging dat Ding dann weiter. Auf eimal kam einer von die Spielers mit den Ball in die Nähe von die Mittellinie auf dat gechnerische Tor zugelaufen. Wird der von ein von die Gegenspielers gerempelt und fällt um.

Der Gechner, der den umgerannt hatte, der hatte jetz den Ball und stürmt auf dat andre Tor hin. So ungefähr von zwanzich Meters schießt der die Pille ab. Und wat soll ich euch sagen tun? Weil der bekloppte Kieper von die andre Mannschaft viel zu weit vor dat Tor stand, trifft der mit diesen unglaubbaren Weitschuss und macht dat Tor. Weil der Kieper ja viel zu weit vor sein Tor gestanden hat und gar nich mehr rechtzeitich zurückkommen konnte.

Dann geht von den Schwatten aufen Platz auf eimal die Trillerpiepe und der tut dat abpfeifen tun. Sofort hörte der gewaltige Applaus und dat Gejohle nach den Tor auf. Allet kuckte sich doof an. Ich den Willi auch.

„Sach ma, Willi", fang ich so an. „Wat war dat denn jetz? Der hat doch getroffen. Warum tut der Schwatte da jetz dat Ding denn abfeifen tun?"

„Ja", meint der Willi, der ja ein ausgesprochenen Fußballfan war. „Da war ja vorher dat Foul von den an den andern Spieler. Und weil dat ja eine Szene, also ein Ablauf war in dat Spiel, da hat der jetz dat Foul gepfiffen. Und darum gibt dat Tor ebends nich!"

Ich kuck den Willi ungläubich an und frach den:

„Ja gut. Aba dat war doch mindestens zehn Sekun-
den vorher oder so. Da hätte der Piepenheini doch
viel früher pfeifen müssen oder nich?"

„Nee", meint der Willi. „Dat sind die neuen Regeln.
Allet korrekt!"

Und tut sich wieder dat Spiel weiter ankucken.

Also, ob ihr glauben tut oder nich. Sonnen
Schwachsinn hab ich schon lange nich mehr gehört. Wenn bei uns Kröten damals Foul war, dann
piepste der Schiri und war Foul. Aber nich ne
Stunde später oder sowat. Dat gibbet doch gar
nich. Doch. Gab et. Wat ein Blödsinn. Nee. Da war
für mir dat ganze scheiss Spiel nich mehr interessant oder noch uninteressanter wie als vorher.

Und ob ihr dat glauben tut oder nich. Ich tu bis
heute nich wissen, wie dat Spiel da ausgegangen
sein tut. Weil mir dat ja auch gar nich interessiert
hat und ich nur den Willi nen Gefallen tun wollte.
Der hat zum Glück nix von mein Desinteresse gemerkt. Na ja. Jetz, wenn er dieset Büchsken lesen
tut, dann weiß er et ja. Hoffentlich tut der mich nich
böse sein.

In die weiteren Zeiten hat der Willi aba wohl gemerkt, dat ich für Fußball wenich über hab.

Und jetzt tu ich mich Fußball lieba in Fernseh ankucken. Aba nur, wenn Länderspiel is und Deutschland spieln tut. Ansonsten tut mir dat allet imma
noch wenich interessiern. Weil, wenn ich die Geldsäcke, die da manchet Mal aufen Platz rumrennen
sehn tu, dann tut mich richtich schlecht werden.
Warum?

Ja, weil – nur als Beispiel ma gesacht – ein Ersatz-
torwart monatelang aufe Bank sitzen tut und nich
spieln brauch. Trotzdem aber 70.000 Ocken jeden
Monat auf die Kralle kricht. Und dann tut der vielleicht dreimal inne Säsong eingesetzt werden und
dann wird der aba krank. Husten. Grippe. Muskel-
zerrung.

Wisst ihr, wenn ich sowat inne Zeitung manchet
Mal lesen tu, da weiß ich nich, wat ich dazu sagen
soll. Und wenn der aus Altersgründen dann vielleicht auch sein Abschiedsspiel geben tut, dann
hat der, wenn er schlau war, richtich schön Knete
aufen Konto oder aufe Cayman Islands oder so.

Und weil der nich gespielt ham tut bei sein Verein,
jedenfalls nich so richtich, darum hatter neben dat
Häusken, dat ihm der Verein damals gekauft ham
tut, noch nen feinen Job als Trainer vonne dritte
Jugend und kricht da auch nochma so acht- bis
fuffzentausend pro Monat aufe Kralle. Ja Leute.
Wat soll ich mich da sonnen Scheiss auch noch
ankucken?

Der Willi, der tut sogar noch dafür bezahln tun. Der hat nämich sonnen Sender, wo du für löhnen muss. Dafür darfse dann Werbung kucken und zwischendurch tun die auch ma die Bundesliga übertragen tun. Und wennze bissken mehr löhnen tus bei die, dann darfse dich auch noch Europaliga und sowat allet ankucken.

Wat aber die Werbung is, die gibbet bei die öffentlichen Senders auch. Brauchse nur nich so viel für abdrücken tun. Dat tus du dann schon über die Fernsehempfangs-Zwangsgebühr oder wie dat Dings da heissen tut. Und bei die privaten Senders, da hasse dann noch mehr von die Werbung, weil die tun sich ja über die Werbung finanziern tun. Angeblich.

Aba, wenn ich mich dat richtich überlegen tu, is dat allet so nich richtich. Weil die Werbungskosten, die die Firmen für die Werbung in Fernseh bezahln tun, die tun die sich ja über die Preise wiederholn. Dat heißt, dat wir als Verbrauchers dat ja eigentslich bezahln tun. Auf die Klamotten, die wir kaufen tun, die Fressalien und sowat allet, da tun die dat ja aufschlagen.

Und so sind wir, die Verbrauchers, die Doofen. Weil wir ja ersma über die Fernsehgebühr löhnen tun und die Firmen ihre Werbung bei die Senders ja auch bezahln müssen. Bei die öffentlichen Senders vielleicht bissken weniger, dafür bei die privaten Senders ebend bissken mehr.

Und bei den Sender, den der Willi da auch noch extra bezahln tut? Jau. Da müssen se auch löhnen, die Zuschauers, und obwohl se den Willi einen werbefreien Sportsender damals versprochen ham, läuft da auch noch Werbung. Und ebend zwischendurch bissken Fußball.

Darum tut der Zuschauer bei diesen Bezahlsender ja auch nich Zuschauer heißen tun, sondern Kunde. Aha! Jetzt tut die Sau fett werden, tu ich ma so bei mich denken tun. Da hamwa et ja schon. Kunde! Aha!

Da kannze ma sehn, wie die uns alle verarschen tun. Und wir tun uns dat allet gefalln lassen. Und so tut der Willi und Millionen andre Bekloppte nich nur für die Werbung bezahln tun die da läuft, sondern auch noch die Vereine unterstützen, damit die Geldsäcke, die da aufen Platz rumrennen, noch mehr Kohle in die Griffel kriegen.

Also eigentslich tut der Otto Bezahlsenderkucker nich für dat bezahln tun, wat er da sehn tun will, sondern dat ist irgendswie gesplittet. Oder so ähnlich. Einmal für die Werbung zahlse mit und einmal tusse ja für die Einkommensmillionäre mit bezahln tun auch. Und für die Technikers bei die Senders und die bekloppten Sprechers, die imma igendswie den gleichen Senf während die Übertragungen absondern tun. So nach den Motto:

„Das Spiel plätschert so vor sich hin!"

Oder:

„Die angedachte Viererkette kommt nicht richtig zum Tragen!"

Oder:

„Ein Traumschuss. Aber nur von seinem schwächeren Rechten!"

Ebend. War leicht zu halten von den Kieper. Als wenn wir dat nich selber sehn täten, wat da ablaufen tut. Oder sind die alle von Radio gekommen oder wat? Die Reporters da.

Und wenn ich dat allet ma in meine Birne verarbeiten tu, dann tut mich doppelt schlecht werden. Da könnt ich in die Schüssel mit warm Wasser kotzen, in die ich mich imma meine Füßkes zweimal die Woche drin baden tu.

Und die sogenannten „Öffentlichen"? Da tun wir ja alle wissen oder auch nich, dat die öffentlichen Senders ja sowieso alle politisch gesteuert sind, nich wahr? Die tun ja nur dat zeigen tun, wat wir sowieso allet schon wissen tun oder nur dat, wat die Politiker denen vorsingen tun. Und dann solln wir dat glauben, dat allet gut is und et alle Menschen hier in unsern Lande gutgehn tut und sowat allet.

Also tun die Klamotten zeigen, die der Otto Normalverbraucher sowieso garnich sehn wolln tut.

Und belügen tun die uns auch noch weil die meinen, dat wir alle doof sind hier.

Oder wenn ich an die vielen Wiederholungens von die Wiederholungens denken tu. Da kennze dat Drehbuch von die Filme und Dramen schon auswendich und kanns die Texte mitte Schauspielers zusammen aufsagen tun. Und für dat Ende von die Stories voraussagen zu können, da brauchse kein Detektiv mehr sein.

So olle Teilkes wie Heinz Glühmann und Grete Heiser oder die Pissi, also den Film. Wat hab ich mitte Österreichers zu tun oder mitte Zwerge, die aus Versehn Schauspielers geworden sind? Gar nix! Ne Band, sonne Beatband, die könnte mir noch aus meine Nostalgieecke locken. So mit Heinz Glühmann an Schlachzeuch, Liselotte Nulver an Mikrofon, Grete Heiser an Synthesizer und Max Kreger anne Gitarre oder sowat. Und den Johnny Pleesters da, der sollte dann den E-Bass machen mit seine Gichtkrallen. Dat wär ma wat für mir.

Ach ja. Dat wollte ich euch ja auch noch sagen tun:

Unser Horst-Detlef, der wollte sich damals ma von die Gebührn befrein lassen tun. Der hat schriftlich eingereicht, dat er gar kein Fernseher ham tut. Da ham ihn die Gebührenheinis zurückgeschrieben,

dat die dat überhaupts nich interessiern tut. Weil, dat geht nach Haushalte. Und jeder festgestellte Haushalt tut löhnen müssen. Kannze also nix machen tun. Iss so.

Und der Willi hat mich noch erzählt, dat man bei diesen Bezahlsender, also bei den, der dat Fußballscheiss da übertragen tut, auch die neusten Spielfilme und sowat zusätzlich kaufen kann.

„Und?", frach ich ihn. „Hasse dat auch?"

„Nee", sacht der für mich. „Dat kostet mir ja dann zusätzlich nochmal fünfundvierzich Ocken jeden Monat. Ich kann mich doch die Knete nich ausse Rippen schneiden!"

Na ja. Aber trotzdem tut der die wandelnden Geldschränke, die da jede Woche aufen Platz inne Bundesliga auflaufen, mit seine Knete ja unterstützen tun. Die tun fast jeden Tach vielleicht trainiern und schießen dann an Wochenende, wenn et drauf ankommen tut, kein Tor. Fudeln sich da so durch die Landschaft und sowat.

Da sind Kröten von so grad ma vielleicht so zwanzich Jahre schon Millionäre. Und nur, weilse einmal die Woche wat in Fernseh zeigen solln. Und wennse ma nich spieln oder einfach ma dat Training auslassen tun? Is auch nich schlimm. Und wenn sich dat häufen tut, dat die keine Lust für Training ham? Kostet paar Euros. Aba macht nix. Dat zahln die, wie als wenn wir anne Tanke einmal volltanken tun. Deswegen: Geht mich wech mit diesen scheiss Fußball da.

Wenn et nach mich gehn täte, wat et aber nich tut, täte ich dat ganze Geschäft privat machen tun. So hat jeder Verein sein Mäzen oder wie dat heißen tut und wenn der keine Kohle mehr hat, dann müssense sich ebend nen andern suchen oder so.

Oder Pleite anmelden. Aba nich dat ganze Geschäft, und wat andret tut et ja meine bescheidene Meinung auch gar nich sein, auf uns kleine Leute abwälzen tun. Durch Gebührn, Beiträge und überteuerte Karten für Stadion und so. Un mitte Werbung, die da laufen tut. Kaufen tu ich den Prütt sowieso nich. Anstatt Gilette lieber Einwechrasierer. Anstatt Nivea lieber dat Zeuchs von Lidl. Is mindestens genauso gut, wenn da nich gar ausse selbe Fabrik kommen tut. So wie die andern Dingers da aussen Lebensmittelbereich. Da gibbet ja Beispiele ohne Ende, hat eine bekannte Verbraucherzeitung irgendswann ma ermittelt. Und in Internet kann man dat auch nachlesen tun.

Wie ich da mit den Willi von Platz von dieset Fußballspiel gegangen bin, konnte ich mich ma ein Blick auf die Eintrittspreise werfen. Da krichse nen Stehplatz ganz weit wech von dat Geschehn, der kostete achtzehn Ocken. Und der Willi meint, dat die Jahreskarten dat zwanzichfache auf den billichsten Platz kosten tun. Herrschaften! Wie lange tun die Bekloppten dat noch mitmachen tun?

Als wenn hier bei uns in unser Land die Volksgemeinschaft nich schon genuch Belastungen zu tragen hätte, wat uns andre Leute aufdrücken tun. So wie die Politikers und so. Ährlich!

Aba weisse! So sind die Deutschen. Tut dich einer aufe Strasse ‚Hallo' rufen, dann tuse ‚Hallo' zurückrufen. Obwohl du den Vogel, der dich dat gerufen hat, garnich kennen tus. Und hinterher tuse dann überlegen, woher du den vielleicht kennen tus. Aber den kanntesse garnich. War aber egal. So is der Deutsche ebend.

Ich tu mich ja manchmal ein Spass davon machen, wenn ich mit mein Autoken unterwechs sein tu und komm an sonne Haltestelle vorbei wo viele Leute stehn tun, alle geistesabwesend auf ihr Handy kucken, tu ich dann laut hupen tun.

Allet am Glotzen. Paar von die tun auch winken tun und ich lach mich kaputt. Weil, die sind wenichstens paar Sekündchen an denken, wer da jetz dat wohl gewesen sein tut, der da gehupt hat. Und dann tu ich mich insgeheim ein Grinsen tun. Ährlich!

LEBERWURST (DAMALS)

Wenn mein Freund Hugo mich manchet Mal so Geschichten erzähln tut……also ährlich! Dat kannze kaum glauben tun, iss aber wohl die Wahrheit und nix als die Wahrheit. Weil, dat hatter ja selbs an sein eigenen Leib erlebt, wie man so sagen tut auch. Und der Hugo, der tut kein Scheiss erzähln. Dat weiß ich wohl und tu ihm dat allet auch glauben tun.

Jetz erzählt der mich wieder ma wat von früher. Und zwar, hab ich ja schon ausgesacht, dat sein Papa und nachher ja auch er Höchstselbs, verschiedentliche Metzgereibetriebe hatten, unter anderen auch in Bochum.

Und eines Tages kommt den Hugo seine Mama zu den Papa von den Hugo und sacht für ihn:

„Hömma! Die Leberwurst nach Gutsherrn-Art, die tut sich die letzte Zeit so schlecht verkaufen tun. Ich kann dat garnich verstehn. Oder has du dat irgendswat verändert. So an die Rezeptur oder sowat?"

„Nee", meint den Hugo sein Papa für den Hugo seine Mama. „Eigentslich is dat genauso wie imma!"

Beide tun da so sinnich kucken tun. Den Hugo sein Papa streicht sich so über sein Kinnbart, den er aba garnich hatte und tut sich sein Metzgerskopp anstrengen tun.

Auf eimal meint er für seine Frau:

„Sach ma! Für wat tus du denn die Wurst eigentslich verkaufen tun?"

Meint seine Frau:

„Na. Für fünfundsechzich Pfennich für hundert Gramm, wie imma."

Meint den Hugo sein Papa:

„Weisse wat? Tu ma einfach den Preis raufsetzen tun und tu die ma für fünfundneunzich Pfennich verkaufen!"

„Meinze, dat dat so richtich wär?", fragt die Frau Hugo.

„Jau. Mach ma einfach und dann tun wir in paar Tage kucken, wat sich da ergeben tut", meint den Hugo sein Papa.

Frau Hugo tut auf ihrn Mann hörn tun und verkauft die Leberwurst nach Gutsherrn-Art ab sofort für fünfundneunzich Pfennich für einhundert Gramm.

Sonnen Wöchsken später fracht den Hugo sein Papa die Mama Hugo, wat denn jetzt mitte Verkäufe von die Leberwurst nach Gutsherrn-Art wäre. Ob sich da wat getan hat.

„Jau", meint die Mama von den Hugo. „Oppe dat glauben tus oder nich. Die Leute kaufen wie verrückt jetzt wieder. Is komisch, nich?"

„Nee", meint den Hugo sein Papa. „Da is nix komisch. Dat is Psychologie von Verkaufen. Die Leute wolln dat so. Man muss nur bissken rumexperimentieren, dann klappt dat wieda. Siehsse ja an die Leberwurst. Und jetz tun wa ma kucken in die nächsten Wochen, wo wir dat vielleicht auch noch machen können!"

Tja, kann ich da nur sagen tun. Kannze ma sehn. Die Leute wolln beschissen werden. Wie, is denen egal. Dat is ja wie heute mit den Brot und so andre Sachen.

Da liecht beim Diskonter der teure Toast neben den billigen Toast. Oder vielleicht liecht der billige ma sonne Etage unter den teuren Toast. Kommt aba beidet aus dieselbe Firma, heißt nur anders.

Wat machen die Leute? Kaufen, wennse Kohle übrich ham, den teuren und lassen den billigen ersma liegen.

Ers wenn die Kohle knapp werden tut, dann tunse eventuell den billigeren Toast kaufen tun. Oder, wenn die Knete fast ganz alle is, dann tunse ebend auf Nudeln und Reis umsteigen tun. Dat kann ja auch ne abwechslungsreiche und nahrhafte Sache sein tun, ne?

„Wat hasse heute innen Pott?"

– „Heut tut Nudeln geben!"

– An andern Tach:

„Wat hasse heute innen Pott?"

– „Heut tut Reis geben!"

– An andern Tach:

„Wat hasse heute innen Pott?"

– „Heut tut Hühnerbrühe geben. Da warn noch paar von die Brühwürfels über!"

– Andern Tach:

„Wat hasse heute innen Pott?"

– „Heut tut die Küche kalt bleiben tun. Heute gibbet Toast mit Margarine und den billigen Käse aussen Angebot. Der Käse muss nämich wech. Den

hab ich bei den Billichheini aufen Markt gekauft.
Der hat imma die Klamotten, wo dat Haltbarkeits-
datum schon abgelaufen is!"

„Ja is gut. Aba den Toast nicht toasten. Da hasse
ja dann sons dat, watte bei den Einkaufen gespart
ham tus, schon wieder wech. Strom is teuer!"

DEN HUGO SEIN BESTEN SONG (HEUTE)

Jetz muss ich euch unbedingt noch ein schönen Text von den Hugo näher bringen tun auch.

Dat is ein Lied, wat der Hugo geschrieben hat.

Dat is aba auch noch nich irgendswo veröffentlicht oder so und der Hugo täte sich unheimlich freun tun, wenn da einer von die Musikverlegers umme Ecke kommen täte und sich für dieset Teilchen interessieren täte.

Dat Lied tut ‚Abseits' heißen. Ich tu so bei mich denken, dattet so richtich auch in unsre Zeit passen tut.

Also! Hier den Text, auf den der Hugo natürlich sein Urheberrecht, oder wie dat auch imma heißen tut, geltend machen wird:

<u>ABSEITS (Menschen, die im Abseits stehen)</u>

Abgeschoben und verstoßen, obdachlos
und deprimiert, dem Ende nahe - nur noch der
Herzschlag, der mir signalisiert:
Ich lebe noch, doch tot wär' leichter,
ich atme noch, zwar nur ein' Hauch,
mein Herz ist schwer, wie geht's nun weiter,
ich weiß es nicht, bin ausgelaugt.

Notiz nimmt keiner mehr von Menschen,
die früher einmal was erbracht.
Bist du im Sumpf der Erdenmächten,
dann kannst du sagen: Es ist vollbracht.

Es sind nicht alles Vagabunden,
die streunen nachts am Bahnhof rum.
Nein, es sind Menschen die verwundet
und viele fragen sich: Warum?

Allein zu sein - das braucht heut' keiner.
Wenn Du den Nächsten akzeptierst.
Der Liebe wegen, ohnegleichen,
dies wird dir alles honoriert.

Stellt endlich Weichen für die Zukunft,
denn so etwas darf nicht geschehen,
dass Menschen, die einander gleichen
zerstört, allein im Abseits stehen.

REFRAIN:

**Wer gibt mir endlich eine Chance?
Ich will doch nur ein Stück vom Glück.**

Is dat nich nen schönet Teilchen?

Und wer sich da interessiern für tut, der kann, wenn er will, den Autor von dieset Büchsken fragen, ob er den Text – für wat auch imma – nutzen tun darf.

Der Autor tut dann den Kontakt zu den Hugo herstelln. Wie und wat, dat steht auch in den Anhang von dieset Pamphlet!?!……oder wie sich dat auch imma schimpfen tut.

WIE DAT MITTE WERBUNG IS (HEUTE)

Imma ma wieder tut dat vorkommen, dat dat Telefon geht und da is dann anne andre Seite sonne Tante oder son Onkel dran, die dich wat andrehn wolln.

Dat letzte Mal hab ich die Schnauze aba voll gehabt. ‚Klingeling' macht dat Telefon. Ich da drangegangen. War anne andre Seite sonne Tante:

„Bin ich da mit Herr Mackenschewski verbunden?", fracht die Olle.

„Nee", sach ich so für ihr. „Da tunse falsch verbunden sein."

„Ja, is denn da nich Herr Alfred Mackenschewski?", will die weita wissen.

Ich wieda:

„Nee. Hier is Muckenschowski. Könnense nich lesen, wat sie da vor sich liegen ham in ihr scheiss Call-Center? Wennse dat nich richtich lesen können, dann müssen se nich inne Schule gewesen sein, oder nich?", frach ich die Oltsche.

Da hab ich dann gemerkt, dat die schon bissken beleidicht war, weil die dann für mich sagen tut:

„Ich war zehn Jahre inne Schule gegangen, dat müsste ja eigentslich genuch sein, oder?"

„Nee", sach ich für ihr. „Kann ja nich. Da tun sicher nochma zehn Jährkes fehln tun, sons hättense richtich ablesen gekonnt, oder nich?"

„Ja, aber", will die Olle nachsetzen, wat ich ihr aba verbieten tu:

„Wissense wat? Tunse ers nochmal richtich Lesen lernen tun und vor allen die Vokabels richtich aussprechen tun. Und wennse dat verinnerlicht ham, dann dürfense mir trotzdem nich mehr anrufen. Also. Tunse mir hier nich nochmal anrufen und streichen sie mir von die Liste, die sie da vorliegen ham tun!"

Dann hab ich die Olle garnich mehr ers zu Wort kommen lassen und aufgelecht. Die hat nich mehr angerufen. Ährlich!

Paar Minütkes später tut et an die Haustür schellen. Ich mach auf. Stehn da zwei so Figuren in schwarzen Anzug und Schlips. Der eine hält son Ding inne Hand, da steht drauf ‚Leuchtturm' oder sowat ähnlichet.

Da ich ja nich von gestern bin, war mich sofort klar, dat können nur irgendswelche kirchlichen Organisationen sein, die mich da bewerben wolln. Und bevor dat eine Männlein mich da wat erzähln will, tu ich für die beiden Figuren sagen:

„Hat kein Zweck bei mich. Ich bin ein Atheist und hab auch sons mit Politik nix an Hut. Getauft und konfirmiert hamse mir zwar. Aba da hatte ich damals noch kein Recht, mir dafür oder dagegen zu entscheiden. Mit einundzwanzich Jahre bin ich dann ausse Kirche auch raus, weil mich dat nix bringen tut. Und ob ich abends vor in Bett gehn beten tu oder übahaupt inne Kirche oder sonswat gehn tu, dat tut keinen wat angehn. Und von wegen die Politik. Wählen geh ich auch nich. Weil mich dat ganze Veralbere von diese Politikers is mich zuwider. Geld hab ich auch nix. Darum könnt ihr euch eure Bettelei schenken tun."

„Ja gut", meint da dat andre Männchen, also dat ohne die Werbeschrift inne Griffels.

„Aber können wir sie nicht dafür gewinnen, dass sie einmal einen Gottesdienst in unserem Hause besuchen kommen?"

Ich sach für die beiden trauergekleideten Figuren:

„Jau. Dat könnt ich wohl machen. Aba nur, wenn ihr mich zwanzich Minuten auf ihre Kanzel ein Monoloch halten tun lassen!"

Gucken die beiden Figuren sich gegenseitich blöd an. Dann meint der eine:

„Das wird wohl nicht möglich sein!"

Ich:

„Siehsse. Deswegens kommt ein weiteren Dialoch mit euch hier nich zustande!"

Dann hab ich die Tür zugemacht und die da draußen inne Kälte stehengelassen. So einfach is dat mitte Werbung abwimmeln und sowat allet.

Obwohl: Ich tu natürlich kein irgendswie wat vorwerfen, wat er für nen Glauben ham tut und in wat für ne Partei der sich da verarschen lässt. Hauptsache, dat die mir mit sonnen Zeuchs in Ruhe lassen tun.

DAT MITTEN TIERSCHUTZ (HEUTE)

Der Leser von dieset Büchsken muss wissen, dat der Freddy mit Hunde großgeworden is. Mein Alten hatte imma ers Schäferhunde, dann sonnen Collie irgendswat und später, wie er nich mehr so konnte, sonnen kleinen Mischling. Und daher tut mich der Tierschutz, speziell der für Hunde, schon imma bissken an Herz gelegen ham.

Darum hab ich mit meine Mary jedes Jahr für eine Tierschutz-Organisation auch gespendet. So imma meist Ende des Jahres paar Mark.

Irgendswann hab ich dann festgestellt, dat die dich imma mehr gedruckte Werbung mitte Post in Haus schicken tun. Schöne bunte Briefe mit fertige Überweisungens drin und schomma son Kugelschreiber auf lau oder paar Abziehbildkes.

Aba imma mit bunte Schreibens dabei, wo se dann ma sonnen Bär oder paar Kätzkes, manchet Mal auch Hunde, abgebildet hatten. Allet imma sehr profihaft und vor allen bunt.

Jetz wurde dat imma mehr. Manchet Mal ham die dich in ein Monat zwei sonne Briefe geschickt wo drinstand, wofür du da spenden solls. Mal war dat eine Tierstation in Namibia, anderet Mal war dat ein angeblich verwahrlosten Zoo, dann irgendswie

sonne Pelztierfarm, wo die die Viechers da raus-
geholt ham und allet sowat.

Unser Bengel, der Horst-Detlef, der hat dann einen
Tach mit mich die ganzen gesammelten Briefkes
ma durchgekuckt und so für mich gesacht:

„Dat is ja allet sehr, sehr professionell gemacht, dat
Ganze!"

„Jau", mein ich so. „Wennze dich datt ma vorstelln
tus, wat da allet fürn Aufwand betrieben wird. Und
allet muss ja irgendswie bezahlt werden."

„Ja sicher", meint mein Kröte. „Dat machen die ja
nich ma ebend so nebenbei in ihr Büroken. Dat tut
so aussehn, als wenn dat eine richtige Werbegen-
tur gestalten tut und allet!"

„Ebend", mein ich. „Und da tu ich mir schon so
manchet Mal gefracht ham, und deine Moder auch,
ob wir da dat Richtige machen, wenn wir die jedet
Jahr so paar Mark hinschicken tun und ob die
Kohle auch da ankommen tut, wo se hingehörn
tut."

„Nee. Dat wird nur ein ganz kleinet Teilchen von
deine Kohle sein, die da an die richtige Adresse
ankommen tut", meint mein Kröte so für mich.

„Du muss ja ma so rechnen, dat ersma die Verwaltung von diese Organisation bezahlt werden muss. Dann kommt die Werbeagentur, die ja auch Kohle ham will. Die machen dat allet ja nich umsons. Die Bildkes, die die da abdrucken tun, die gibbet auch nich gratis. Wenn die da nich sonnen Fotografen für engagiern tun, der ja auch richtich Kohle kostet, dann müssen die die Bildkes kaufen tun. Gibbet ja Plattforms in Internet für, wo du dat kaufen tun kanns.

Und dann tut die Post dat allet auch nich gratis versenden. Die wolln ja auch Kohle sehn. Weil, die Post is ja nich mehr ein Wohltätichkeitsverein wie früher. Wie die noch staatlich warn.

Heute sind die eine Aktiengesellschaft und tun ihre Aktionäre gegenüber verantwortlich sein. Und nich mehr den Staat. Bei den konnten die damals ja einigermaßen machen, wattse wollten. Dat geht heute nich mehr.

Die müssen Gewinne machen auch. Also kostet, diesen Papiermüll verschicken zu tun, richtich Kohle. Denn du tus ja nich der Einzichste sein, der diese Post kriegen tut, nich wahr?"

Also wat der Bengel da sachte, da hab ich dann mehrfach drüber nachgegrübelt. Und dann hab ich mit meine Mary dat ma besprochen. Und dann sind wir zu den Ergebnis gekommen, dat wir dat mitte

Spenderei, egal für wat, ersma auf Eis legen tun. Weil, die andern Spendenheinis machen dat ja eigentslich genauso wie die hier von den Tierschutz, nich wahr?

Gibbet also von die Muckenschowskis ersma keine Kohle mehr. Für dat Geld tu ich mit meine Blagens und meine Mary jetz imma einmal in Jahr schön Essen gehn.

Hier bei uns bei den Grieche. Dat is ein ganz sauberen Laden und dat Fressen is wirklich eins A.

Issen Familienbetrieb. So mit Papa und Mama und Tochter und Onkel und so. Wirklich nette, saubre Leute. Nee. Ich glaub, dat hamwa dann schon jetz richtich gemacht, dat wir ersma nix mehr an irgendswelche Vereine oder Organisationen spenden tun wolln.

Weil, du weiß ja nich, wie dat allet aufgeteilt wird, dat Geld und wat wirklich bei die Bedürftigen ankommen tut.

DER REINER (DAMALS)

So Anfang bis Ende von die siebziger Jahre, da war ja dieser sogenannte Disco-Boom. So Discothekens, die schossen ja wie Pilze aussen Boden. Alleine bei uns die Hauptstraße in Habingshorst rauf und runter, bisse von eine Disco inne nächste Disco reingestolpert.

Und wenn ich mit meine Jungs kein Auftritt aufe Bühne hatte an Wochenende, dann bin ich mit meine Kumpels hier und da auch schomma in sonnen Schuppen gelandet.

Ich aba nur ohne Auto, weil, wennze ein trinken tus, dann is sonne Karre imma hinderlich. Irgendswo hasse ja imma ein getroffen, den du gekannt has und der dir dann in Notfälle auch bis nach Hause gefahrn hat. Dafür konnte der dann vielleicht ma bei ein von die nächsten Konzerte von uns Gratis eintreten. Weil, eine Flosse wäscht den andern Griffel, nich wahr?

Ein Tach war ich so mit mein Kumpel Reiner, den se alle Renus genannt ham tun, auf Achse und wir ham son Streifzug oder wie dat heißen tut, durch die Gemeinde gemacht.

Gelandet sind wa dann in eine Disco mit den schönen Namen ‚Club Red Light'. Dat war zwar eher nen Name für ne Nachtbar. Aba der einheimische Bewohner wusste, dat dat tatsächlich früher ma sonne Bar war und der neue Besitzer einfach den Name übernommen hat für die Diskothek. Na ja. Wie auch imma.

Also der Renus, dat war son Typ, so einsfünfundachtzich in die Länge und ungefähr auch halb so breit. Wenn man genau hinkucken täte, würde man sagen tun, dat der bissken dick auch gewesen sein tut. Aba der konnte zukloppen wie son Berchmann.

Obwohl der bei uns bei die Genossenschaft Lastwagenfahrer war. Aba der musste da natürlich auch die schwern Säcke mit Getreide und sonnen Scheiß allet imma mitte Hand verladen tun und so. Also, der hatte schon wat inne Mauken, der Renus. So Kraft und sowat.

Wir also einen Samstach abends in dat ,Red Light'. Wie zu diese Zeit üblich, warn alle Discos natürlich brechend voll mit Püppies und Bengels. Auch vor die Theke.

Jetzt war da aba noch so ein Hocker frei, und weil ich nich sitzen wollte, hat sich der Renus dat Höckerchen belegen getan.

Wir so bissken Bier bestellt bei dat Mäusken hinter die Theke (gab nur Püllekes, keine Gläskes) und kuckten uns so die Zappelei aufe Tanzfläche an. Und weil dat ja auch die Zeiten vonnen Minirock warn und so, hasse da natürlich schon bissken genau hingekuckt, wat da so für Stelzen unter die Röcke zum Vorschein kamen.

Nach paar Minütkes, wir hatten grade ma den ersten Schluck von unsre Pullen genommen, da kommen drei Männleins angetorkelt und einer von die wollte mein Kumpel von den Hocker holn. Weil dat sein Hocker wär und er nur ma ebend pinkeln war aufe Toilette. Meinte der so.

Jetz kuckt der Renus dat Männlein so an und meint:

„Wat wills du denn von mich? Hasse wat viel Alk intus, wa?"

Da fängt dat Männlein an zu randaliern und zieht den Renus an den Ärmel und sowat allet. Jau. Da hättet ihr aba ma den Renus solln. Ich mein, ich kenn den ja und weiss, wat dat fürne Person is, nich wahr? Der tut sich nich gerne vonne Seite anquasseln lassen oder sowat. Der kricht der sofort Hautausschlach und Pickels und sowat allet. Also bildlich gesacht, mein ich jetz.

Auf jeden Fall meint die Thekenmaus:

„Wenn ihr euch kloppen wollt, dann geht ma schön aufe Straße."

Und dat Männlein und seine drei Kumpels, allet so komische ungeflechte Figuren mit fettige Haare und dreckige Fingernägels und sowat, die meinten, dattse dat dann machen sollten und tun den Renus gezeicht ham, watse wollten.

Wir sind natürlich nich vonne andre Seite, also von den Typ Weicheier, und gingen mitte Bürschleins nach draußen. Die warn noch gar nich die Treppe richtich runter, da lach der erste von die Flitzpiepen schon aufen Bürgersteich. Der Renus hatte den von hinten schon eine gedröhnt. Und weil sich dat ja sofort rumgesprochn hat in die Disco, warn bald mehr Leutkes draußen und wollten die Klopperei kucken, als drinnen.

Na ja, wie den auch gewesen sein tut. Der Renus nimmt sich den wortgewaltigen Tünnes auf jeden Fall ersma vor und haut ihn eine in dat Fressbrett.

Der fällt um wie sonnen Sack Steine. Na ja. Der tut ja auch nich mehr ganz nüchtern gewesen sein. Dann fängt der andre Vogel an, auf den Renus ein- zukloppen und der, der aufe Fresse vorher schon gefalln war, der tut sich auch noch einmischen tun.

Ja. Dat hab ich ja natürlich gar nich gern gesehn und hab mich dat Jüngelchen ma ebend vorgenommen. Links, rechts ein auf die Mappe und da sind den seine Gesichtszüge schon an entgleisen gewesen.

Da will der nach mich treten tun und ich sah dat schon irgendswie kommen und hab ihm ma ebend sein Beinchen festgehalten, kurz dran rumgedreht und Peng!, lach der auch schon wieder aufe Fresse.

Und der Renus hatte sich zwischenzeitlich schon den andern Typ da zurechtgestellt und ihm son paar aufe Birne gekloppt. Der konnte sich ja eigentslich gar nich mehr wehren tun, dat Arschloch. Weil der ja so viel Alk inne Adern schon hatte.

Na ja. Wir beide ham dann die drei Typen ordentlich vermöbelt, bis dann auf einmal die Polente da ankam. Hatte irgend sonnen Schwachmat wohl geordert oder wat.

Früher war dat ja so, dat die Bullen noch ganz schön auf ihre Wachen da besetzt gewesen sind. Nich so wie heute. Nur eine Wache und drei Männekes an Wochenende für fünf Städte oder sowat. Nee. Dat war damals ganz, ganz anders. Die hatten sogar sonne Art Überfallkommando. Und genau dat kam grade angerauscht. So mit TaTü! TaTa! und Blaulicht.

Auf eimal hattesse da vierzehn Bullen stehn für nur ne kleine Keilerei unter Besoffene. Obwohl: Der Renus und ich, wir warn ja gar nich besoffen. Höchstens klein bissken. Aba ebend die andern drei Vögels, die tun schon ziemlich dicht gewesen sein.

Na ja. Auf jeden Fall hat die Polente dann ersma unsre Daten festgestellt und bei die andern Discoheinis nachgefracht, wie dat denn gekommen wär und so. Und dann hat sich rausgestellt, dat die drei Bekloppten Schuld an die Keilerei gewesen sind, weil die mitte Stänkerei ja angefangen ham.

Krichten die nen Platzverweis von die Bullen. Dann war dat Theater da zu Ende schon. Wir, der Renus und ich und die andern Tanzwütigen alle wieder zurück inne Disco. Der Renus und ich weiterkucken nach die Schicksen und die Röcke und die Beine und so. Die andern dann ebend weitergesoffen und auch schlaue Sprüche rausgehaun.

So nach ne halbe Stunde später oder so ungefähr, da ging sich die Tür von die Disco auf und die drei Bekloppten mit den Platzverweis kamen wieder rein. Dann ham die uns gesehn, also den Renus und mir und kamen angetrabt wie so kleine Kinders.

„Hömma!", meint der mit dat Veilchen unter dat linke Auge, wat ihn der Renus gekloppt hat. „Is ja

Scheisse, wenn wa uns wegen nix gekloppt ham und wir wolln Friede."

Der Renus und ich kucken uns an. Da sacht der Renus für die drei (der eine hatte von mich ja eine geplättet gekricht, dat sein linken Ärmel von sein Hemd abgerissen war) Hämpflinge:

„Und? Wat willze mich jetz damit sagen tun?"

„Dat wir nur in Ruhe unser Bier hier trinken wolln. Lokalverbot hamwa ja nich. Nur Platzverweis von die Bullen!"

Also, dat müsst ihr euch ma festhalten tun: „Lokalverbot ham wa ja kein. Nur Platzverweis." Also gut. Dat kann man dann so sehn, wenn man dat will. Aba für mir ist der Platzverweis eigentslich genau wie son Kneipenverbot, oder nich? Jetz will ich aba nich in dat Kleingekritzelte wat rein interpretiern, wat nich nötich is. Deshalb hab ich dat einfach ma so hingenommen, wat der Döskopp da so vor sich hinfaselte.

Der Renus dreht sich nach die Thekentante um und bestellt fünf Pullen von dat Bier und sacht für die:

„Dat geht auf die Deckels von die drei Bekloppten hier!"

Und zeicht auf die drei Blödköppe. Die nicken nur noch, lassen sich dat Bier hinstelln und tun uns dann einen zuprosten. War allet wieder in grünen Bereich, sozusagen.

Ich hatte noch bissken Blut von den einen Typ an mein Hemd gehabt, deswegen hab ich ihn fragen getan, opper vielleicht irgendsne ansteckende Krankheit hätte. Der tut den Kopp schütteln. Nee. Hätte er nich. Und ich so für ihn:

„Wenn sich da doch noch wat entwickeln tun sollte, wegen sonne Krankheit oder Lepra oder sowat, dann tu dran denken tun, dat ich deine Adresse hab. Wir wissen, wo du wohnen tus."

Dabei kuck ich den Renus so an und er tut zustimmenderweise mit seine Birne nicken.

Nee. War klar. Die drei Würstkes warn froh, datse hier ihr Bierken weiter schlürfen durften und ham sich auch in den Verlauf von den weiteren Abend eigentslich korrekt benommen getan.

Wie wir dann nachts nach Hause gegangen sind, warn wir auch schon bissken ganz schön beschickert. Aba ansonsten war allet innen grünen Bereich geblieben. Nur Ischen, da hatten wa heute kein Glück gehabt. Aba war auch nich weiter schlimm gewesen. Und den Weibertypus, den der

Renus bevorzugen tut, der war sowieso nich in diese Diskothek gewesen. Der Renus tut nämich so mehr stramme Schicksens so bevorzugen tun. Nur – die tun nich da gewesen sein.

Aufen Nachhausewech hamwa dann noch eine kleine Hymne angestimmt, aba dat doch ziemlich laut. Und zwar war dat der Hit „Hot Stuff" von die Donna Summer. Nur, dat wir den bissken von Text her abgehändert ham tun. Bei uns ging dat ungefähr so:

„Hausstaub! Baby I`m Your Hausstaub Baby. Ohh. Uhh. Baby, Baby, Hausstaub!" und so weiter und so fort. Jau. Da warn wir ganz kreativ oder wie sich dat nennen tut.

Nächsten Tach, ich werd so mit bissken dicke Birne wach, steht auf einmal meine Moder inne Tür und frächt:

„Wat is denn mit dein Hemd?"

Ich sach so:

„Ach Moder. Da war gestern inne Disco son kleinet Malör mit den Renus gewesen. Und da konnte ich mir nich zurückhaltn tun und da hamwa ma ebend drei so krumme Typen aufe Fresse gehaun. Dat is wohl noch Blut von den Eierkopp. Aba mach dich kein Kopp. Ich bin TJetzopfit. Nur der Gechner von uns. Oder besser: Die Gechners. Die ham hinterher nich so gut ausgesehn wie wir, nich wahr?"

„Ja gut", meint die. „Aba dat tu ich nich mehr rauskriegn. Dat Hemd, dat kannze wechschmeissen!"

„Macht nix", sach ich für die Moder. „Meine Jungs und ich wollten sowieso paar neue Klamottens kaufen gehn die Tage. Da tu ich mich dann auch nen neuet Hemd kaufen tun."

Die Moder tut nur noch mit ihrn Kopp schütteln tun, sacht aba weiter nix, dreht sich um und haut ab.

Jau! So war dat damals mitte Discos und mitte Bengels, die sich mitten Reiner anglecht ham weil die meinten, dat der dicke Junge sowieso nix machen täte. Oh ja! Da tut sich mancher auch später noch manchet Mal fürchterlich vertan ham tun. In die Person von den Reiner.

JETZ KOMMT HIER DAT, WAT MAN SONS WOHL NACHWORT NENNEN TUT (ODA SO WAT ÄHNLICHET)

Jau. Also dat waret ersma mit die kleinen Geschichtsken von mich. Vielleicht hat euch dat ja bissken aufgemuntert und ihr habt jetzt Spass inne Backen und tut dat hier Erzählte weiterempfehln tun auch.

Jetz kommt natürlich einer von die schlauen Männekes umme Ecke. Der Max. Von den tur ich euch noch in mein nächstet Büchsken war erzähln. Aba jetz ersma hier wat der meinen tut. Meint der für mich:

„Hömma! Von wegen die Satzstellung und dat, wat man Interpunktion und Grammatik nennen tut in meine äusserst intellenten Kreise, die tun sich an dat Manuskript oder wie dat heissen tut, bissken gestört ham. Dat du dat nich so eisern durchgezogen has."

Ich so für den Max:

„Ich tu dich und deine intelligenten Kreise hiermit öffentlich kundmachen, dat dat ganze Teilchen, wat ihr hier vorliegen ham tut, vorsätzlich unter Androhung von Strafe von ein Herr Duden und ein noch so ein Herr, von den Name ich mich nich mehr erinnern tu, nich abgesechnet wurde und so geschrieben is von mich, wie ich et für richtich erachten tu. Und ich tu auch versichern an diese Stelle, dat ich kein Duden von diesen Mann und auch dat Urviech da, wie heißt dat noch, Else? :::::::::::::::::::::::::::::::::::Jau! Hier…..eh….Brontosauraus???? Neee. Dat tut doch anders heissen, dat Dings da. Sachma schnell. Ach so, ja. Thesaurus ohne Rex. Den hab ich auch nich benutzen tun weil, da kann ich gar nix mit anfangen mit diesen Mist.

Und dat gilt auch für die ruhrpotthochdeutsche Rechtschreibung oder wie dat heißt."

Und dann hat mir noch ein anderet schlauet Kerlken einen erzählt, dat dat ja verschiedentsliche Rechtschreibung geben tut. Da hab ich den gesacht, dat soll er dann ma selber machen. Da hab ich nix mit zu tun. Ich tu ja von alten Schlach noch sein. Wat interessiert mir da die alte und die neue Rechtschreibung?

Also, ich will damit sagen, dat Büchlein hier is in meine eigene Schreibe geschrieben. Und wen dat nich passen tut, der brauch dat ja nich kaufen tun auch. Oda?

Dann kam doch noch ein Verrückten wie der Max und sacht für mich:

„Ja aba warum hasse denn die ruhrpottdeutsche Sprache nich kontinuerlich angewendet?"

Ich kuck den an und sach:

„Wie blöd bis du denn drauf? Hasse wat genommen oder wat? Überlech doch ma, du Schlauen. Die Leute solln dat ja auch noch einigermassen beim Lesen verstehn können, oder nich? Wennze jetz allet in dieset Ruhrpottdeutsch schreiben tätes, also so wie fonetisch dat klingen tut, dann brauchen die von mich ja nochen Lösungsbuch zusätzlich bei dieset Büchsken, oder meinze nich? Also hab ich dat allet jetz bestmöchlich so gelassen, dattse dat auch noch verstehn können bein Lesen!"

Kuckt der mich mit seine verkniffenen Äugskes an und meint:

„ Ja, aba..........da gibt et doch irgendsein Wiki für oder sonne Suchmaschine in Internet oder sowat."

Ich konnte dat nich glauben und sachte für ihn:

„Weisse. Wenn dat einer lesen will der, ma angenommen, nich unbedingt in unsre Kreise wohnen tut und hier nich aufgewachsen is mit den Släng von Ruhrpott. Der meint doch, dat hier ein Mensch geschrieben hat, der sein eigenen Name nich schreiben, geschweige denn aussprechen kann.

Ich will hier nich die Leute mit irgendwat Unnötigen beschäftigen. Die solln dat Lesen. Und Verstehen. Und nich für jeden zweiten Satz irgendsne Suchmaschine anwerfen tun. Und jetz will ich von dich nix mehr hörn tun!"

Meint seine Olle so, die neben ihm steht:

„Ja und warum hasse dat in so große Zwölfpunktschrift geschrieben mitti Absätze so weit auseinander und sowat? Wollze wohl die Seiten vollkriegen, wa?"

Ich kuck die Olle an und wollte eigentslich nix mehr sagen. Aba dat konnte ich mich nich verkneifen, die doch noch ne Antwort zu geben:

„So groß geschrieben hab ich dat mit so Abstände drin, weil ihr alle olle Lüüd seid und ihr dat auch mit eure schwachen Augens noch einigermassen lesen können sollt. Darum!"

Meint der Vogel von die Olle wieder:

„Ja, aba dat ‚olle Lüüd´, dat hat aba jetz mit Ruhrpott nix zu tun."

Ich wieda:

„Nee, du Schlauen. Ich bin ein vielsprachiget Menschlein. Genauer gesacht kann ich, wenn et denn gewünscht wird, englisch, amerikanisch, denglisch, lateinisch, spanisch, ruhrpöttisch und münsterländisch Platt quasseln, verstehn, lesen und schreiben. Und dat Wortspiel ‚olle Lüüd´ is ebend Platt. Weil mein Oppa nämich von ein Bauernhof von Waltrop-Oberwiese kam und er mich dat gelernt hat. Der hat nämich fast nur so geküert, also Plat geküert. Und jetz lasst ma gut sein hier!"

Soviel hier zu die Kritikers, die ja imma irgendswie und von irgendswoher auftauchn tun. Grammatische oder sonstige Fehlers sind natürlich gewollt. Schon allein von wegen die Lesbarkeit, wie schon gesacht. Schreibt ihr doch ma ohne Rechtschreibprüfung und sowat allet. Da tätet ihr euch aba wundern, dat kann ich euch sagen.

Aba: Ich hab dat ganze Ding hier bestimmt dreimal durchgelesen, bevor ich dat jetz hier für den Drucker gegeben ham tu.

Also. Tut mich dat bissken anerkennen auch, damit ich mich wieder Freude in mein Leben holn kann und solche Dingers, ja?

Danke für dat Verstandensein. Euern FREDDY!

Und jetz noch hier dat von wegen für die Rechtsbeugung und allet:

Quellenangaben:

Die Texte von „Hugo":

© 2015, 2016 Otto Jürgens

Alle Namens und so andere Dingers wie Orte und Handlungen und so allet sind frei erfunden.

Jede Ähnlichkeit mit lebendige oder schon verstorbene Personens wird ausgeschlossen oder issen Irrtum! Sorry. Dat wär nen reinen Zufall!

© Ralf Thain `s „DER FREDDY"® ist eine eingetragene Wortmarke

Weitere Büchers von den Freddy:

>>noch nix weiter veröffentlicht, aba is schon wieda irgendswat in Arbeit<<

Den Autor tut ihr hier finden tun:

In Intanet: https://ralf-thain.com
Auf Facebook®: facebook.com/ralfthain
Auf Twitter®: twitter.com/ralf_thain

YouTube®: Kanal Ralf Thain
YouTube®: Kanal Ralf Thains Der Freddy
Im Internet: https://freddy-shop.com

<u>Weitere Büchers von Ralf Thain in diesen Ver-
lach:</u>

„RUHRPOTTLÜMMEL" Zwischen Zeche und Beatclub – Biographische Erzählungen aus den 50er und 60er Jahren im Ruhrpott

ISBN: 978-3-7345-4191-9, Paperback

„2. REIHE RECHTS. Gleich neben dem Drummer" (Erinnerungen eines Rock'n'Roll-Bassisten)

ISBN: 078-3-7345-8476-3, Paperback

„TRAVELLING BAND" Dem Erfolg auf den Fersen Band 1 (Die Band), Roman-Trilogie handelnd von einer Rockband in den 80er Jahren in den USA

ISBN: 978-3-7439-5153-2, Paperback

"DER HOTTE" Vom Rotzlöffel zum Twen
(Ruhrpottlümmel 2)
Fortsetzung vom RUHRPOTTLÜMMEL

ISBN: 978-3-7489-2484-7, Paperback

Alle Bücher auch als Hardcover und als e-Book erhältlich außer: RUHRPOTTLÜMMEL. Nur Paperback oder e-Book.

E-Mail an DER FREDDY
und Ralf Thain: ralf-thain@gmx.de

oder über die Agentur:

STR Direkt GmbH: info@strdirekt.com

168